Heinz A. Pachernegg

Von Gürtlern *und Kuglern*

Leykam

© 2010 Leykam Buchverlagsgesellschaft m.b.H. Nfg. & Co KG, Graz

Alle Rechte vorbehalten
Kein Teil des Werkes darf in irgendeiner Form (durch Fotografie, Mikrofilm oder ein anderes Verfahren) ohne schriftliche Genehmigung des Verlages reproduziert oder unter Verwendung elektronischer Systeme verarbeitet, vervielfältigt oder verbreitet werden.
Text und Bild: Heinz A. Pachernegg
Einbandgestaltung, Layout und Umbruch: PS: Public, www.ps-public.at
Gesamtherstellung: Leykam Buchverlag
ISBN 978-3-7011-7699-1
www.leykamverlag.at

„Wenn ihr aber mit Liebe arbeitet, so findet ihr
zu euch selbst, zueinander und zu Gott"

aus Khalin Gibran: Der Prophet

Vorwort

Der Berufserheller

Wenn Heinz Pachernegg zu seiner Kamera greift und auf den Auslöser drückt, dann lichtet er den Menschen nicht nur ab, er erfasst jene magischen Momente des Augenblicks, in denen der Porträtierte sich selbst vergisst und in seine erworbene und ihm bestimmte Welt versinkt. Man wird stummer Zeuge eines Seins, das nicht den direkten Applaus erheischt, sondern für die Suche nach einer Qualität steht, der sich der Protagonist verpflichtet fühlt. Hier wird der Fotograf zu einem Fährtenforscher der Gesten von individuellen Menschen, die einen außergewöhnlichen Beruf ergriffen haben und ihn mit akribischer Sorgfalt praktizieren. Vom Gürtler, dem Artisten, über den Bootsbauer, die Pferdewirtin bis zum Bierbrauer und Fährmann. Sie alle memoriert Heinz Pachernegg mit untrüglichem Instinkt und mit aufrichtigem Respekt und achtungsvoller Hingabe. Er lüftet den Schleier des Alltages und präsentiert uns funkelnde Preziosen menschlicher Existenzen, die das Große im Kleinen sehen und unsere Wirklichkeit bereichern.

von Christian Marczik, Intro Graz Spection

Mineur
Josef Oven

*Neubau Koralmbahn Graz – Klagenfurt. Teilabschnitt Hengsbergtunnel.
Kennzahlen: 1,7 km Länge, 14.400 km³ Ausbruchsmaterial, geschlossene
Bauweise, im Bereich des Südportals auch Deckelbauweise.
Voraussichtliche Bauzeit: 10 Monate.*

Im Hengsbergtunnel waren bis August 2009 24 Mineure im Dreischichtbetrieb im Einsatz. Aber auch Eisenbieger, Betonierer, Schalungsbauer, Betonbauer und Sprengmeister sind auf Tunnelbaustellen im Einsatz, um nur einige Berufe zu nennen.

Wir arbeiten meist im Dekadenbetrieb, das heißt neun Tage Arbeit und fünf Tage frei. Ursprünglich habe ich Schlosser gelernt. Ein Bekannter hat mich dann für den Beruf des Mineurs begeistert. Das Nomadenleben – längere Zeit einmal ganz woanders sein – hat mich neugierig gemacht. Bergbaumaschinen wie Radlader, Bagger und die verschiedenen Bohrgeräte haben mich schon immer interessiert und natürlich spielte auch das Finanzielle eine Rolle. Angefangen habe ich auf einer Baustelle in Wald am Schoberpass. Da waren noch viele Mineure vom alten Schlag tätig. Es wurde viel herumgeschrien, und es herrschte ein rauer, ruppiger Umgangston. Aller Anfang ist eben schwer. Mittlerweile habe ich bereits 20 Jahre Berufserfahrung, war in der Schweiz, Deutschland, Luxemburg und Österreich auf den verschiedensten Baustellen. Manchmal dauert ein Projekt über vier Jahre, dann wieder nur knapp ein Jahr lang. Im Abgang, wie die freie Zeit auch genannt wird, bleibt man oft bei der Baustelle, weil die Entfernung zum Heimatort zu groß ist. Lange Zeit hatte ich deshalb nur flüchtige Beziehungen. Meine Frau habe ich in Thüringen, wo ich längere Zeit arbeitete, kennengelernt. Seit neun Jahren sind wir verheiratet.

Üblicherweise wird im Tunnel mit Baggervortrieb oder Sprengvortrieb gearbeitet. Bohren, besetzen und sprengen. Nach dem Belüften „abschuttern" (Entfernung des abgesprengten Materials) mit dem Radlader. Mit Beton vorspritzen, gittern, Bogenstellen und die Bogen einspritzen, die Ringe verankern, um die Bogen stabil zu halten, das alles ist tägliche Routine. Lärm und Staub, obwohl ständig präsent, sind nicht wirklich ein Problem für mich.

In einer Schicht ist ein Vortrieb von 3,5 m oder zwei Ringen optimal. Natürlich gibt es zwischen den einzelnen Schichten auch Konkurrenzkämpfe, wo es darum geht, wer am meisten schafft. Wassereinbrüche oder unstabiles Material verzögern den Vortrieb oft erheblich. Zum Glück hatte ich noch nie einen wirklich schweren Unfall.

Kameradschaft und Freundschaft haben bei uns einen sehr hohen Stellenwert, da große gegenseitige Abhängigkeit in den Arbeitsabläufen besteht. Jeder muss ganz genau wissen, was zu tun ist, sonst ist die Unfallgefahr extrem hoch. Wenn man einmal in der Materie drinnen ist, hört man nicht so schnell wieder auf. Oft trifft man auch auf neuen Baustellen wieder auf alte Bekannte. Die Tunnelbauer sind ein eigenes Völkchen – sagen die Leute.

In meiner Freizeit fahre ich gerne Motorrad oder ich suche beim Angeln Abstand und Ruhe vom Job. Mein Wunschtraum seit meiner Kindheit: ab nach Kanada in die Wildnis.

„Man trifft sich im
Leben immer zweimal"

*Von Gürtlern
und Kuglern*

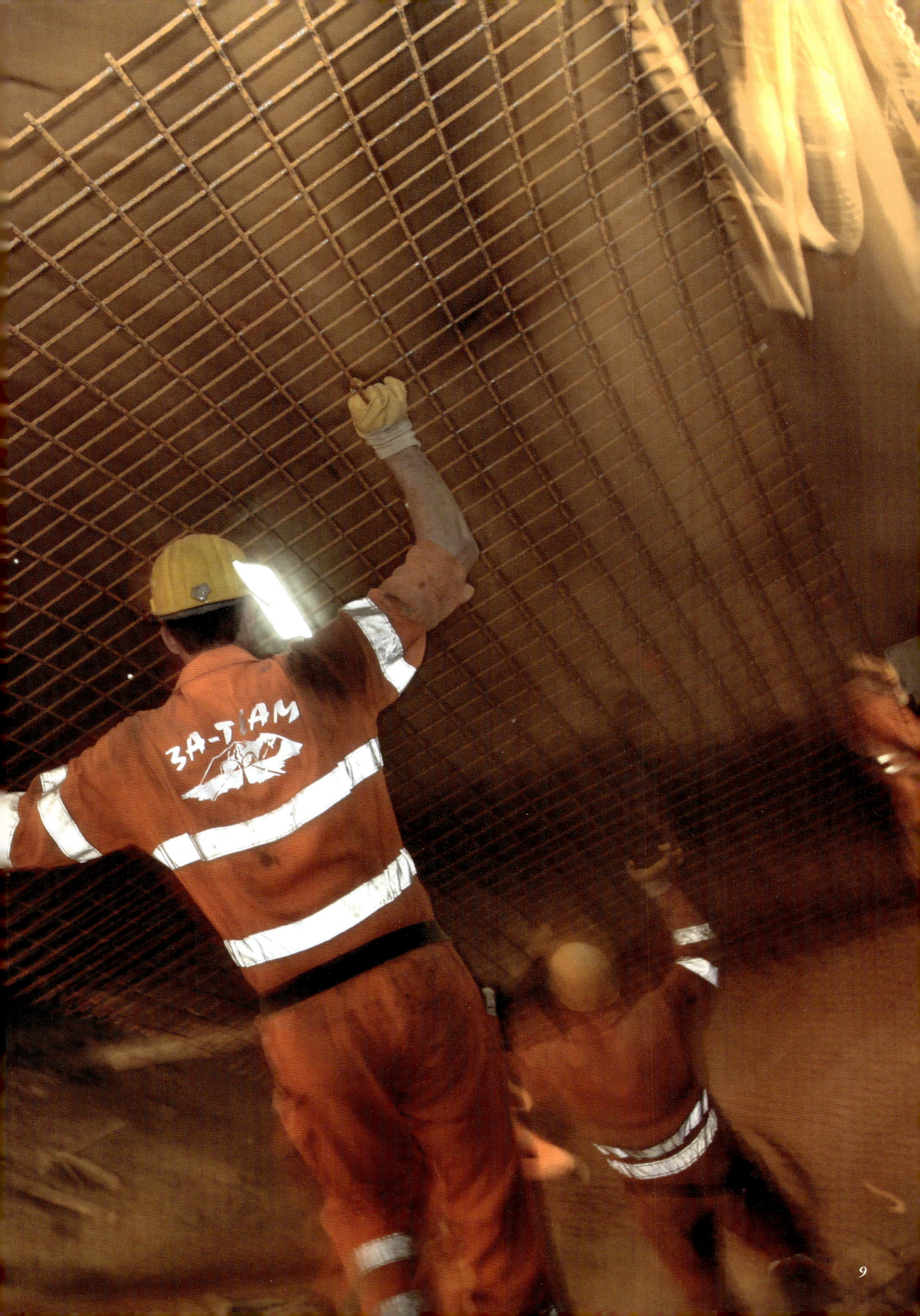

Marmorsteinbrucharbeiter
Engelbert Thaller

Grundsätzlich beginnt jeder Gesteinsabbau mit Probebohrungen und geologischen Gutachten. Dann folgen Rodungen, Abtragung des Oberflächenmaterials und Sprengungen, um an den kompakten Felsen heranzukommen. Schließlich gelangt man zur Marmorader. Jetzt beginnen die technischen Arbeiten mit Seilsäge und Schwertsäge, um die Marmorblöcke aus dem Felsen herauszuschneiden. Die Seilsäge, ein Stahlseil mit diamantbestückten Perlen, schneidet die Blöcke in drei Ebenen – die untere Ebene, der Bodenschnitt, wird mit der Schwertsäge bis auf drei Meter Tiefe und 30 Meter Länge geschnitten. Es entstehen Blöcke von 30 Meter Länge, sieben Meter Höhe und drei Meter Tiefe. Für den Abtransport mit Tiefladern werden sie in etwa 10 t schwere Blöcke zerteilt. Im Werksbereich folgen Bearbeitungen mit der Blocksäge sowie Schleif- und Polierarbeiten und Bekantungen. Weiters wird der Stein mit Fräsformen oder speziellen Methoden wie der Wasserjet-Technik bearbeitet. Dadurch entstehen die Basiselemente für die weiteren Erzeugnisse wie Boden- und Heizplatten, Wellnessliegen, Waschtische oder Fensterbänke.

Die Arbeit im Marmorsteinbruch unterscheidet sich grundlegend von den Arbeiten in anderen Steinbrüchen. Schon die Qualität des Steines macht die Arbeit zu etwas Besonderem. Im Urmeer vor mehr als 350 Millionen Jahren entstanden, hat der Sölker Marmor eine spezifische Entstehungsgeschichte. Die grobkristalline Struktur, die hohe Verdichtung und Primärhärte, die Druckfestigkeit und die ungewöhnlich starke energetische Kraft macht den Sölker Marmor zu einem der hochwertigsten Natursteine der Welt. Besonders das Farbenspiel und die Maserung erzeugen eine gewisse Magie. Der obere Abbaubereich, auf 1300 Meter Seehöhe, geht auf die Initiative meines Chefs Matthias Scheffer zurück. Schon sein Vater war „Marmorpionier". An den Visionen meines Chefs teilhaben zu können, das macht für mich die Arbeit besonders freudvoll.

Auch mein Vater hat schon im Betrieb gearbeitet. Geologie, Sprengtechnik, der maschinelle Abbau des Steines und die weitere Verarbeitung haben mich schon immer interessiert. In den 23 Berufsjahren im Steinbruch habe ich alles von der Basis auf gelernt. Viel Wissen habe ich mir auch durch Exkursionen in andere Marmorsteinbrüche angeeignet und dann im Betrieb umgesetzt. An manchen Tagen, in denen die Täler in dichten Nebel gehüllt sind und nur die Felsspitzen der Ennstaler Alpen in den wolkenlosen Himmel ragen, bedeutet Arbeit in 1300 Metern Seehöhe einen besondern Kick. Doch die Gefahr ist allgegenwärtig. Schon eine kleine Unachtsamkeit im Arbeitsablauf kann durch das Gewicht der Steinblöcke zu schweren, oft tödlichen Verletzungen führen. Besonders gefährlich sind die „Lassen", Spaltungen im Gestein, die sich durch Witterungseinflüsse plötzlich ablösen können. Jährlich werden etwa 40.000 Tonnen Marmor abgebaut. Wenn ich eine neue Sprengung vorbereite, verlasse ich mich ganz auf mein Gefühl. Dann der entscheidende Moment und gleichzeitig die Erwartung: Was wird der neue Abschlag bringen? Darin liegt eine große Faszination, denn der Marmor sorgt immer wieder für Überraschungen mit neuen ungewöhnlichen Faltungen und Farbschattierungen – Marmor lebt!

Eine Weltreise in Sachen Gesteinsabbau zu unternehmen und die vielen unterschiedlichen Marmorarten rund um den Globus kennenzulernen, das wäre eine Vision von mir.

„Immer mit offenen Augen durchs Leben gehen"

*Von Gürtlern
und Juglern*

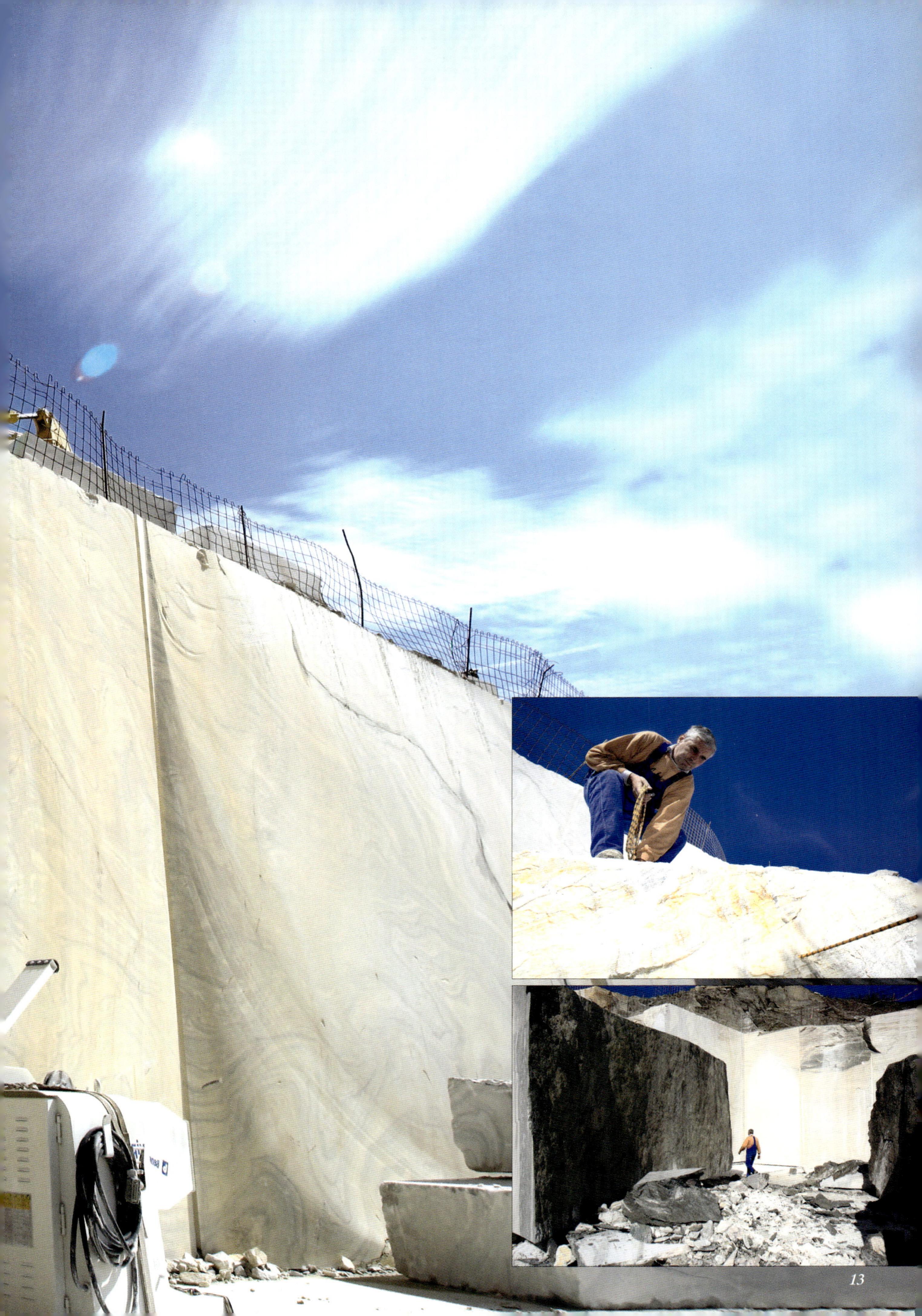

Klöppelschmied
Johann Schweiger

Hinter der Schmiede rauscht der Moseralmbach vom „Schintergraben". Hammerschläge, knisternde Schmiedekohle und der Singsang des Schleifbandes erzeugen einen seltsamen Klangteppich. Im rußgeschwärzten Werkraum hängt eine Weltkarte mit Stecknadeln darin. Eine Erinnerung, wohin die Glockenklöppel schon geliefert wurden: Indien, Bolivien, Peru, Japan, Südafrika und viele europäische Staaten sind markiert.

In Österreich sind wir der einzige Spezialbetrieb für Klöppelfertigung. Federhammer, Lufthammer, hydraulische Presse und natürlich der Amboss sind unsere Hauptarbeitsgeräte. Sechs Meter lange Stangen aus C 15 Stahl – ein niedrig legierter Stahl – sind das Grundmaterial. 850 bis 1100 Grad Celsius ist die Schmiedetemperatur. Im Jahresdurchschnitt erzeugen wir über 300 Glockenklöppel, die zwischen 0,6 und 86 kg schwer sind und immer aus einem Stück geschmiedet werden. Dass unsere Arbeit nichts mit der feinen Handarbeit des Klöppelns zu tun hat, liegt auf der Hand, doch erst unlängst kam eine Exkursion mit Bäuerinnen aus Oberösterreich, die sich das erwarteten. Interessiert hat sie unsere Arbeit aber dennoch.

Die Glocke ist wie ein Musikinstrument. Kirchturm, Glocke und Klöppel bilden eine Einheit. Breiten sich die Schwingungen nicht optimal aus, kann eine Glocke sogar den Kirchturm zerstören. Das Schmiedehandwerk perfekt zu beherrschen, ist natürlich Grundvoraussetzung für diese Arbeit. Spezielle Ausbildungen gibt es nicht. Ich habe mir alles selbst im Laufe der Jahre angeeignet. Gearbeitet wird nach einer Fachzeichnung der jeweiligen Glockengießerei, die unser Auftraggeber ist. Insgesamt müssen zehn Maße exakt eingehalten werden. Glockensachverständige des Europäischen Projektes „Pro-Bell" haben erforscht, wie die optimale Kombination von Glocke und Klöppel beschaffen sein muss. Dazu werden Glocken oft so lange geläutet, bis sie zerspringen.

Man braucht rund einen Tag, um einen großen Klöppel zu schmieden. Besonders anspruchsvoll ist das Pressen der Kugel des Klöppels. Kommt es hier zu Abweichungen, stimmen bei der weiteren Fertigung die Proportionen nicht mehr. Danach wird der sogenannte Schwung herausgeschmiedet. Zuletzt wird das Werkstück gewendet, Stange und Platte gefertigt, an der der Klöppel später in der Glocke hängt. Beständigkeit und der Wert meiner Erzeugnisse sind mir sehr wichtig. Ich fertige Arbeiten, die über Generationen ihren Wert erhalten werden. Mein Ziel ist es, dass die Menschen vielleicht in 100 Jahren sagen: „Das hat ein guter Schmied gemacht!"

Schön wäre es, meine geschmiedeten Klöppel einmal in natura an ihren Bestimmungsorten zu sehen – sozusagen eine „Klöppelreise" rund um den Globus zu unternehmen. Das wäre Wunsch und Vision von meiner Frau und mir.

„Gesundheit, Kraft, Wille und Fleiß sind Vorraussetzungen für eine wertbeständige Arbeit"

Von Gürtlern und Kuglern

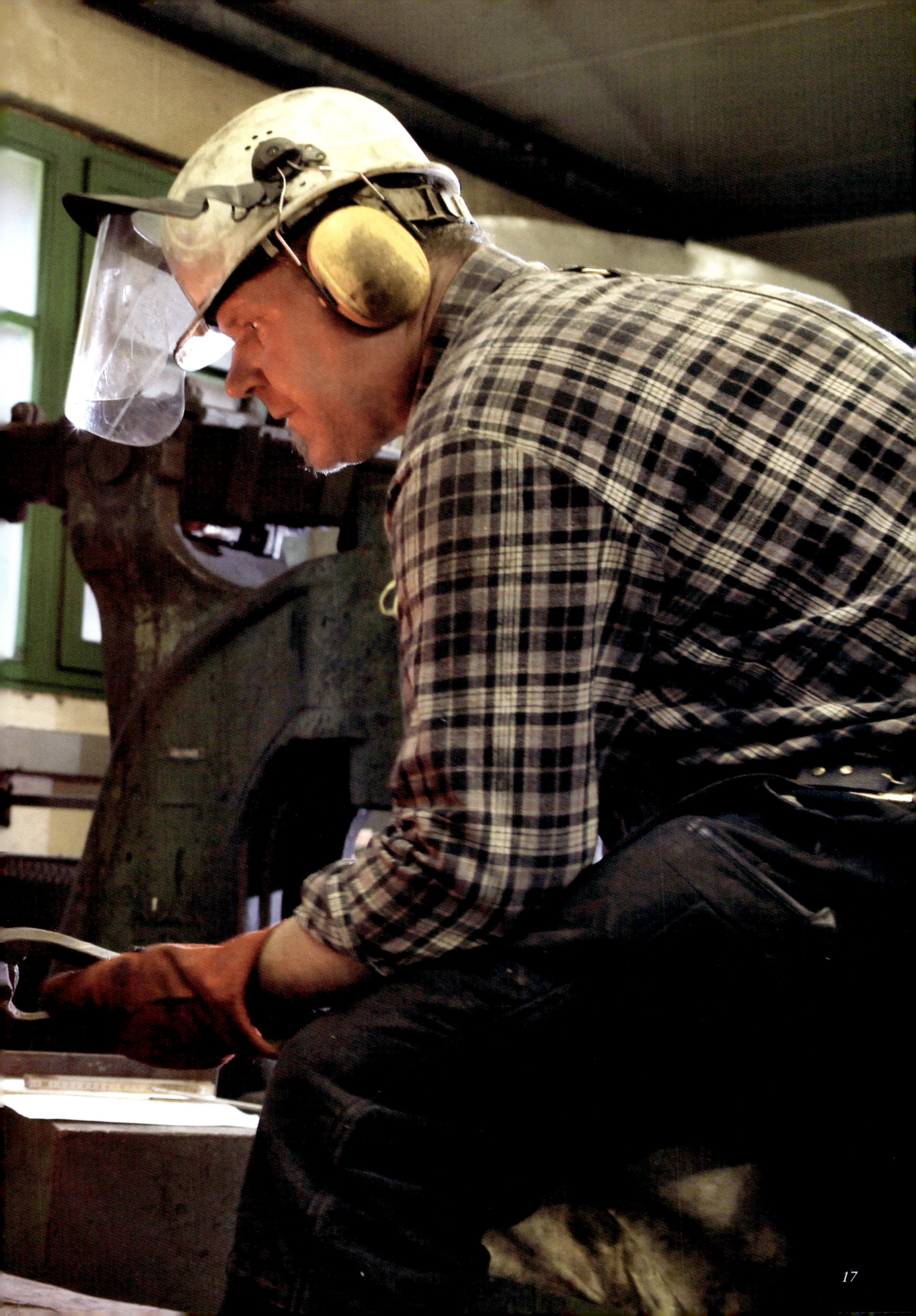

Kunstschlosser
Manfred Häusl

In der Esse der Kunstschlosserei Ritonja glüht Schmiedekohle, Betriebstemperatur ca. 2500 Grad Celsius. Das sind Temperaturen, bei denen es Manfred Häusl warm ums Herz wird. Im Teamwork mit der Inhaberin Daniela Pistotnik managen beide den Grazer Traditionsbetrieb.

Schmied ist der älteste metallverarbeitende Beruf. Bereits in der Eisenzeit begannen die ersten formgebenden Arbeiten mit glühendem Eisen. Mein ursprünglicher Beruf war Mechaniker. Die kreative Arbeit des Kunstschmieds hat mich jedoch schon seit meiner Jugend interessiert. 1978 habe ich bei der Kunstschlosserei Ritonja meine Lehre begonnen. Nun habe ich 30 Jahre Berufserfahrung, und mir scheint, ich habe nie das Gleiche gemacht. Jeder Tag ist immer wieder eine neue Herausforderung.

Der Prozess der Entstehung eines Schmiedeerzeugnisses beginnt mit einer kleinen Handskizze. Es folgen die Aufnahme der Naturmaße und das Anfertigen der Fachzeichnungen im Maßstab 1:10. Wenn die einzelnen Musterelemente in Naturmaßen aufgezeichnet sind, erfolgt der Zuschnitt des Baustahls, unseres Grundmaterials. Es gibt etwa 42.000 verschiedene Stahlnormen, die sich durch ihre Legierungen und Zusatzstoffe unterscheiden.

Der eigentliche Schmiedevorgang beginnt mit dem Erwärmen des Rohmaterials. Bei ca. 1100 Grad Celsius erfolgt die Formgebung am Amboss. Hammer, Amboss und Setzhämmer sind die Hauptarbeitsgeräte neben den verschiedenen Schmiedezangen mit Flach-, Vierkant- und Rundaufnahmen. Sie sind notwendig, um das Material im glühenden Zustand aus der Esse zu nehmen und bei der Weiterbearbeitung zu fixieren. Bei besonders schönen Kunstschmiedearbeiten kann der Arbeitsaufwand für einen Laufmeter zwischen 30 bis 60 Arbeitsstunden betragen. Je nach gewünschter Form wird entsprechend oft zwischengewärmt, der Stahl am Ambosshorn eingerollt oder zu Zirbeln und Rosetten weiterverarbeitet. Diese Arbeitsprozesse lassen sich nicht durch maschinelle Arbeitstechniken ersetzten. Das macht die Arbeit auch sehr wertvoll. Eine besondere technische Herausforderung war die Fertigung der Fenstergitter des steirischen Landesarchivs. Sogenannte „durchgesteckte" Gitter, jeder Stab, der aufgelocht wurde, hatte einen anderen Radius. Für 20 Fenstergitter brauchten wir mehrere hundert Arbeitsstunden.

Kunstschmied zu sein, heißt, härteste körperliche Arbeit zu verrichten. Hitze, Staub und Lärm sind die ständigen Begleiter des Berufes. Dazu kommt noch, dass wir bei Montagen und Demontagen an Hausfassaden oft in großer Höhe arbeiten. Zum Ausgleich dieser Belastung tanze ich gerne. Vier Jahre war ich auch Taxitänzer in verschiedenen Diskotheken. In meiner Freizeit arbeite ich meist am Ausbau meines Hauses in der Nähe von Graz.

„Ehrlichkeit und einen
vernünftigen Hausverstand –
mehr braucht es nicht im Leben"

Schneider
Josef Bernschütz

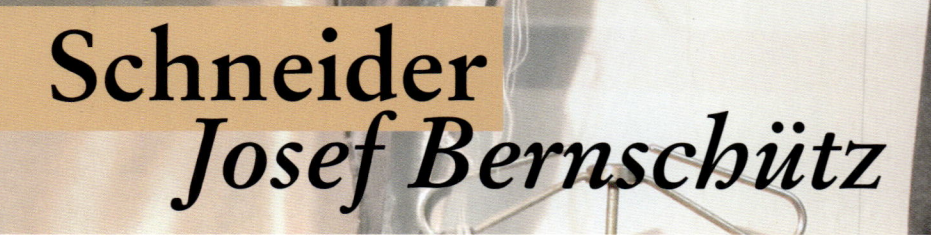

Seit über 50 Jahren ist die Geschäftsausstattung unverändert. Nierentisch und Spinnenlampe, nietenbeschlagene Stühle, edle Holzregale, auf denen die Stoffballen lagern – alles im Originallook der 50er Jahre. Architekt Hütter hat das Geschäft im Grazer Herz-Jesu-Viertel geplant und 1958 fertiggestellt.

Ich bin gebürtiger Donauschwabe und in der Woiwodina aufgewachsen. Später kam ich als Flüchtling nach Graz. Als Jugendlicher wollte ich Pfarrer werden – sieben Jahre war ich Ministrant. Auch an den Beruf des Fleischers habe ich gedacht. Schließlich war ich aber froh, als ich eine Lehrstelle bei einem Schneider bekam. Mit der Zeit stellte sich dann die Freude zum Beruf ein. Nach drei Gesellenjahren machte ich die Meisterprüfung und war damals der jüngste Schneidermeister in Österreich. 1952, in der sogenannten Wirtschaftswunderzeit, habe ich dann mein eigenes Geschäft eröffnet. Am Anfang war es nicht leicht, sich einen Namen zu machen. Doch durch meine Genauigkeit, Zielstrebigkeit und Zuverlässigkeit habe ich mir schließlich einen Kundenstock aus ganz Österreich aufgebaut. Viele Künstler, wie Kammersänger Peter Minnich, der Grazer Schauspieler Willi Popp und auch der damalige englische Botschafter in Wien waren meine Kunden. In dieser Zeit arbeiteten in der etwa 20 m² großen Werkstätte bis zu acht Personen, drei zusätzlich in Heimarbeit. Wir waren wie eine große Familie.

Ich fertige sowohl für Damen als auch für Herren. Kostüme und Hosenanzüge, aber auch Fracks und Cuts. Zwei bis drei Anproben sind notwendig, bis ein Anzug perfekt sitzt. Für die Fertigung bevorzuge ich englische und italienische Stoffe. Das Zuschneiden macht mir nach wie vor die größte Freude. Wenn ich die Kreide in die Hand nehme und die Maße auf den Stoff übertrage, bin ich voll in meinem Element.

Alfred Schwarzenberger hat dem Grazer Herz-Jesu-Viertel zu regionaler Berühmtheit verholfen. Sein Film „Sechs Tage und die Mopedfrau" war über lange Zeit im Rechbauerkino ausverkauft. Mehrmals ist Alfred Schwarzenberger zu mir ins Geschäft gekommen und hat mich schließlich überzeugt, beim Film mitzuwirken. Ausgleich zum Beruf finde ich beim Radfahren aber auch beim Marathonlaufen.

Highlights waren die Marathonläufe in New York, London und Berlin. Doch ein wenig plagen mich auch Zukunftssorgen: Ich hoffe, es findet sich ein Schneider, der mein Geschäft einmal weiterführen wird.

„Aufrichtig, pingelig und das Beste vom Besten machen"

Modistin
Heide Pock-Springer

Der Hut ist im Grunde eine Verkleidung, man ist ein anderer Mensch, man spielt mit einem Hut eine andere Rolle als ohne Hut, gleichzeitig gibt er auch Sicherheit, Geborgenheit – wie das Sprichwort schon sagt: Gut behütet! Ich selber bevorzuge bei den Hüten eher sportliche Formen. *Das Telefon läutet:* Wir haben schöne, neue Ware bekommen gnädige Frau, frühlingshaft, duftig, zart, in Braun- und Gelbtönen. *Frau Heide ist in ihrem Element.*

Hüte bestimmen schon lange mein Leben. Das Geschäft existiert bereits seit 1919 und im Revolutionsjahr 1968 habe ich das Geschäft von meiner Tante übernommen. Bis zu acht Angestellte haben damals in der etwa 20 m² großen Werkstätte gearbeitet. Das ist jedoch Vergangenheit. Von den ursprünglich 27 Hutgeschäften in Graz sind nur noch vier geblieben, *sinniert Frau Heide und fügt gleich darauf wieder lebhaft hinzu:* In der Nacht arbeite ich am liebsten, da finde ich Ruhe, Muße und neue Ideen für die Fertigung.

Ein Kunde betritt das Geschäft und bringt einen alten Hut. „Das ist der Hochzeitshut meines verstorbenen Vaters, der hat schon einiges erlebt. – Können Sie da noch etwas machen?" Frau Heide begutachtet den Hut und fachsimpelt mit dem Kunden. Zwischendurch lässt sie den Blick durchs Fenster nach Süden schweifen – in den Innenhof des Bischöflichen Ordinariats, wo manchmal auch der Bischof wandelt. Einmal hat er mich sogar besucht, weil bei mir immer so lang Licht ist. Anscheinend arbeitet er auch öfters noch spät am Abend.

Ob Leder, Stroh, Stoff oder Filz, die Arbeit mit verschiedenen Materialien für die Hutherstellung ist abwechslungsreich. Wir stellen die Hutmodeln zum Teil auch noch selbst her. Die Grundform wird nach eigenen Entwürfen aus Holzspaterie (eine Mischung aus Gips und Sägespänen) angefertigt. Dann wird das jeweilige Material mit Hitze und Dampf über den Model gezogen. Das klingt einfach, verlangt aber viel Geschicklichkeit und Erfahrung. Die Krempe wird dann mit der Hand gezogen. Bis zu zwölf Stunden bin ich mit einem Hut beschäftigt, den ich nach den Wünschen von Kunden individuell herstelle. Den Schluss der Arbeit bildet das „Garnieren" des Hutes. Es werden Schleier, Schärpen oder Bänder verarbeitet die dem Hut das gewisse Etwas verleihen.

Für mich ist die Arbeit eine Quelle der Freude, das prägende Element in meinem Leben. Doch ich habe neben dem Arbeiten noch eine andere Leidenschaft – das Reisen. Ich mache gerne Abenteuerurlaube, die durchaus auch etwas länger dauern können. Griechenland, Spanien, aber auch Australien oder Namibia sind meine bevorzugten Ziele, die ich mit Auto und Zelt erkunde. Natürlich vergesse ich auch im Urlaub nicht ganz auf den Beruf und bin immer auf der Suche nach neuen Ideen. In den letzten Tages des Urlaubs bin ich dann im Gedanken schon wieder zu Hause bei meinen Hüten.

„Auf den Hut gekommen"

Biowinzer
Dieter Dorner

Die Mur führt Hochwasser. An der Murecker Grenze zu Slowenien steht ein junger Tourenradfahrer mit dem Ziel Kasachstan. Eisiger Wind bläst fast wie im November. Doch es ist April. Die Machbarkeit der Dinge im Kontext zu meinen Visionen kommt mir in den Sinn, während ich auf Dieter Dorner warte. Etwas später knattert er mit seinem Lieferwagen heran. Die Serpentinen aufwärts geht es Richtung Lokavec. Mit jeder Abzweigung wird die Straße enger, unübersichtlicher. Nach einigen Kilometern erreichen wir unser Ziel. Die Dorner'schen Weinberge erstrecken sich über steile Hügel abwärts – prächtige Süd- und Südostlagen mit Panoramasicht ins steirische Unterland.

Schon der Großvater war Bioweinbauer am Bielersee in der Schweiz. Ich bin der Familientradition treu geblieben. Das war besonders am Beginn nicht einfach und ich wurde deshalb oft belächelt. Ich liebe die alten Burgundersorten. Die neuen Sorten sind für den Bioweinbau nicht gut geeignet. Man darf die Reben nicht stressen und muss, vor allem am Anfang, auch die etwas geringern Erträge in Kauf nehmen. Wir lesen sortenrein und pressen die Trauben auch selbst. Jede Sorte wird zum optimalen Zeitpunkt abgefüllt – der Traminer etwa erst nach zwei Jahren. Doch es ist vor allem auch die Langsamkeit im Weinberg, die mich fasziniert – ein krasser Gegensatz zu meinem früheren Beruf als Journalist, wo meist nur Schnelligkeit zählte.

Wein macht man mit dem Himmel. So sehe ich es zumindest, und aus diesem Gottvertrauen erwächst für mich ein hohes Maß an Zufriedenheit. Glück bedeutet für mich auch, auf vieles zu verzichten – das habe ich vor allem am Berg Athos gelernt, den ich bereits seit über 25 Jahre jährlich besuche. Der Athos ist für mich fast schon eine zweite Heimat, und ich habe dort im Laufe der Jahre ein Flechtwerk von Beziehungen aufgebaut.

Ich habe nie dem Zeitgeist gefrönt, das „Trendige" war mir immer suspekt. Auch die sogenannten Trendsportarten. Viel mehr fasziniert es mich, zu Fuß unterwegs zu sein. Etwa von Mureck nach Triest oder in regelmäßigen Abständen nach Mariazell. Das Spannende daran ist das Unberechenbare und auch das Ausgeliefertsein. Schon mein Urgroßvater hat die Strecke von Mureck nach Helgoland zu Fuß zurückgelegt. Mein Ziel ist der Jakobsweg, aber von hier, von Mureck, möchte ich losgehen – über alte Pilgerwege durch Italien, Frankreich über die Pyrenäen bis nach Santiago de Compostela.

„Alles reduziert sich auf die
Abfolge von Augenblicken"

Von Gürtlern und Kuglern

27

Turmuhrmacher
Josef Reicht

Manche Uhren, die wir warten, sind über 300 Jahre alt, d. h. dass sich in diesen Uhren das Bodenrad, das größte Zahnrad im Läutewerk, rund 2.592.000 Mal gedreht hat. Es ist immer wieder faszinierend, so ein Uhrwerk zu betrachten, zu sehen, wie der Anker in den Sperrhaken greift und einrastet, wie 500 kg schwere Gewichte oft bis zu 20 Meter tief in den Kirchturm hinunterhängen. Bevor die Glocke die Stunde schlägt, entsteht eine unglaubliche Kraft und Dynamik im Räderwerk. Mir lief ein Schauder über den Rücken, als ich so ein Werk das erste Mal sah und hörte.

Das Gewerbe des Uhrmachers, genauer gesagt, das des Großuhrmachers, reicht bis ins 13. Jahrhundert zurück. Wandermeister zogen durch das Land, ließen sich für einige Zeit an einem bestimmten Ort, wo ihre Dienste benötigt wurden, nieder und richteten eine kleine Schmiede ein. Gab es einen Auftrag für eine neue Uhr, begann die Arbeit. Räderwerke und Übersetzung wurden ausgerechnet, Zahnräder ausgezirkelt und mit Sägen präzise ausgeschnitten, Verbindungselemente geschmiedet. Eine Turmuhr besteht aus etwa 200 Einzelteilen und hat ein Gewicht von etwa 800 kg. Für ein einzelnes handgefertigtes Zahnrad brauchte man rund eine Woche. In sorgfältiger Arbeit entstand schließlich aus den angesammelten Grundmaterialien eine komplette, funktionstüchtige Turmuhr. Als Lohn für ihre oft über ein Jahr lang andauernde Arbeit erhielten die Turmuhrmacher freie Kost und Logis und eine kleine Anerkennung. Bis ins 19. Jahrhundert gab es diese herumziehenden Turmuhrmacher, erst dann folgten niedergelassene Werkstätten mit Maschinenausstattungen.

So eine Uhr wurde und wird für Jahrhunderte gebaut. Immer wieder erstaunt mich, wie präzise früher mit einfachen Mitteln gearbeitet wurde. Das Schlagen einer Turmuhr wird speziell auf dem Land auch heute noch geschätzt, war die Turmuhr doch über lange Zeit die einzige öffentliche Uhr im Ort.

Ich habe das Handwerk des Allgemeinmechanikers bei der Firma Rauch in Grabersdorf bei Gnas gelernt. Als Lehrling durfte ich das erste Mal eine Turmuhr zerlegen und spürte sogleich: Turmuhrmacher ist genau mein Beruf. Natürlich gehörte auch ein bisschen Risiko zu meiner Lehrzeit, denn sich an den Klöppel einer schwingenden Glocke zu hängen und zu probieren, wer sich am höchsten aufzuschwingen traute, war eine besondere Herausforderung und Mutprobe. Seit 2002 bin ich selbstständiger Turmuhrmacher. Wir arbeiten als Familienbetrieb. Österreichweit gibt es nur zwei Firmen auf diesem Spezialgebiet. Besonders freut mich, dass auch mein Sohn Freude am Beruf hat und bei mir seine Lehrausbildung macht. Aber auch meine Frau steigt mit auf den Kirchturm und hilft bei der Arbeit.

Alte Uhren scheinen oft ein Geheimnis an sich zu haben. Wenn ich eine Uhr kontrolliere, die nicht richtig funktioniert, kann es vorkommen, dass ich bis zu zehnmal kontrollieren muss, bis ich den wahren Fehler gefunden habe. Leider werden neue Turmuhren jetzt nur mehr auf elektronischer Basis und mit Computersteuerung hergestellt. Eine mechanische Turmuhr zu berechnen und neu zu bauen, ist heute nahezu unbezahlbar. Deshalb zählt die Instandhaltung und Restaurierung der Turmuhren zu unseren Hauptaufgaben.

Manchmal dauert mein Arbeitstag auch 15 oder 16 Stunden. Ein willkommener Ausgleich ist dann Schuhplatteln, Volkstanzen und, wenn es die Zeit erlaubt, auch Mundartdichten.

„Geht net, gibt´s net"

Lodenwalker
Jörg Steiner

Ältester steirischer Gewerbebetrieb – seit 1434

23 Jahre war ich alt, als ich den Betrieb vom Vater übernommen habe. Das verbindet mich mit meinem Großvater, der ebenfalls mit 23 Jahren Firmeneigentümer wurde. Er hat den Grundstein für den Betrieb in seiner heutigen Form gelegt. Die Lodenwalke ist aber schon in der fünften Generation im Besitz der Familie Steiner.

Unser Grundmaterial, die Schafwolle vom Merinoschaf, kommt mittlerweile aus Australien und Neuseeland. Die Konsistenz dieser Wolle ist feiner, hat längere Fasern und ist weicher als vergleichbare Wolle aus unseren Breiten. Das Wichtigste ist, dass die Schurwolle von lebenden Schafen kommt. So bleiben Wollfett und die Lufteinschlüsse erhalten. Grundsätzlich unterscheidet man zwischen Filzen (rohe Wolle wird miteinander verfilzt), Walkstoff (gestrickte Grundfläche, die gewalkt wird) und Lodenstoff (gewebte Grundfläche, die gewalkt wird). Es ist ein langer Weg vom Rohmaterial Wolle zum fertigen Produkt. Bis zu 16 Arbeitsgänge sind für die Erzeugung unserer Lodenstoffe notwendig. Die wichtigsten sind: *Wolfen* – verschiedene Rohwollsorten werden mit Walzen zerrissen und vermischt. *Krempeln* – auf dem Krempel wird die Schurwolle zu einem Vlies gekämmt. *Ringspinnerei* – hier wird das Vorgarn zu einem festen Garn versponnen und spezielle Techniken für Stoffeffekte eingesetzt. *Weben* – auf dem Webstuhl mit 2000 bis 4000 Kettfäden entstehen, in unterschiedlichen Webtechniken, Wollstoffe von 40 bis 60 Meter Länge. Nach einer Endkontrolle beginnt der wichtigste Arbeitsprozess: das Walken. Erst durch das Walken entsteht Loden. Seit Jahrhunderten hat sich diese Arbeitstechnik bewährt. Walken kann man auch mit Reibung und Druck im feuchten Zustand des Materials umschreiben. Im handwarmen Wasser, unter Zusatz von Kernseife, wird der Wollstoff energischem Druck und Reibung ausgesetzt. Dadurch verfilzt die Wolle. Gleichzeitig wird sie dichter, und die Stofferzeugnisse verlieren etwa 40 % ihrer ursprünglichen Größe. Die natürliche Imprägnierung durch das Wollfett Lanolin bleibt erhalten. In der Appretur wird der Loden anschließend gefärbt, getrocknet und je nach Produkt geraut, gekämmt, geschoren und abschließend gebügelt. Nach den Strapazen des Walkens und Färbens kann sich der Loden durch das langsame Trocknen an der frischen Luft wieder entspannen und in Ruhe ausatmen. Den fertigen Loden liefern wir zu unseren Schneidern in die Südsteiermark, wo die Kollektionen dann endgefertigt werden. Verkauft werden diese nur exklusiv im eigenen Geschäft in Rössing.

Wenn man immer mit Naturprodukten zu tun hat, wirkt sich das prägend auf das gesamte Leben aus. Unsere alten Maschinen arbeiten noch schonend mit der Wolle. Deshalb wollen wir sie so lange wie möglich einsetzen. Die älteste ist bereits 200 Jahre im Dauereinsatz. 25 Personen sind im Betrieb beschäftigt, 18 davon in der Lodenerzeugung. Walkmeister, Webmeister, Spinner und Färber sind Berufe, die es sonst kaum mehr gibt. Walker kann man nicht mehr lernen. Dieses Wissen wird im Betrieb erhalten und nur hier weitergegeben. Oft sind die Mitarbeiter über mehrere Generationen bei uns im Betrieb.

Zukünftig möchte ich mich verstärkt mit neuen Designs beschäftigen. Mein Zweitlabel LWS – Lodenwalker Sport liegt mir sehr am Herzen. Ich möchte aber nichts überstürzen und keine übertriebenen Expansionen tätigen, denn wenn die Dinge reif sind, spürt man es sowieso. 500 Jahre Firmentradition sprechen schließlich für sich.

„Wolle braucht Weile"

Von Gürtlern und Kuglern

33

Kunstglasmacher
Karl Wenninger

Glashütte Bärnbach: Arbeiter ziehen an langen Hohlstangen rotglühende Glasklumpen aus dem Schmelzofen. Danach wird eingeblasen, gedreht, geschwenkt und herumgewirbelt. Glasformen der unterschiedlichsten Art entstehen wie durch Magie.

Immer war es schon mein Wunsch, handwerklich zu arbeiten. Die Schule hat mich nie besonders interessiert, doch schon von früher Jugend an hat mich Glas fasziniert. In der Glashütte Köflach begann ich bereits mit 14 Jahren meine Lehrausbildung. Das bedeutete wochentags um 3 Uhr früh aufstehen, denn um 4 Uhr früh war Schichtbeginn. Ständig war ich unausgeschlafen. Schon als Jugendlicher musste ich Wechselschichten machen. Jetzt bin ich 68 Jahre, und die Pension hat die Arbeit gar nie richtig unterbrochen. Auch heute arbeite ich noch mehrmals in der Woche im Betrieb. Ich bin mit Leib und Seele Glasmacher. Die künstlerische Arbeit mit Glas hat mich schon früh interessiert. In der Werkspause habe ich oft Glasfische und kleine Vasen eingeblasen – wir sagten dazu „umaschintn". Mit der künstlerischen Arbeit ernsthaft begonnen habe ich 1989, als das erste Glassymposium in Bärnbach stattfand. Die teilnehmenden Künstler haben mich damals sehr inspiriert und ich merkte bald, dass ich mich mit meinen eigenen Kreationen nicht versteckten musste.

Man braucht eine gute Vorstellungsgabe und oft sind viele Versuche notwendig, bis das Ergebnis passt. Beim flüssigen Glas ist es anders als etwa bei einem Bildermaler, der seine Arbeit zwischendurch auch unterbrechen kann. Bald zeigten auch Galerien Interesse an meinen Erzeugnissen. Auch im Schauraum der Glasmanufaktur in Bärnbach sind viele meiner Arbeiten ausgestellt. Man muss mit dem Glas reden können, sagten schon die alten Glasbläser. Viel Gefühl und Intuition sind notwendig und das Wissen darüber, wie sich das Glas verhält, wie das Temperaturverhalten in den verschieden Glasteilen liegt.

Ich fühle mich am wohlsten, wenn ich richtig durchgearbeitet bin. Die Arbeit ist oft extrem anstrengend und schweißtreibend. Ich erinnere mich an Glasmacher, die eine ganze Kiste Bier in einer einzigen Schicht getrunken haben. Fünf bis zehn Biere pro Schicht waren ganz normal. Ich habe gegen Schluss der Schicht gerne ein, zwei Biere getrunken. Das war sozusagen der Kick für die letzten zwei Stunden.

„Man muss mit dem Glas reden können"

und Kuglern

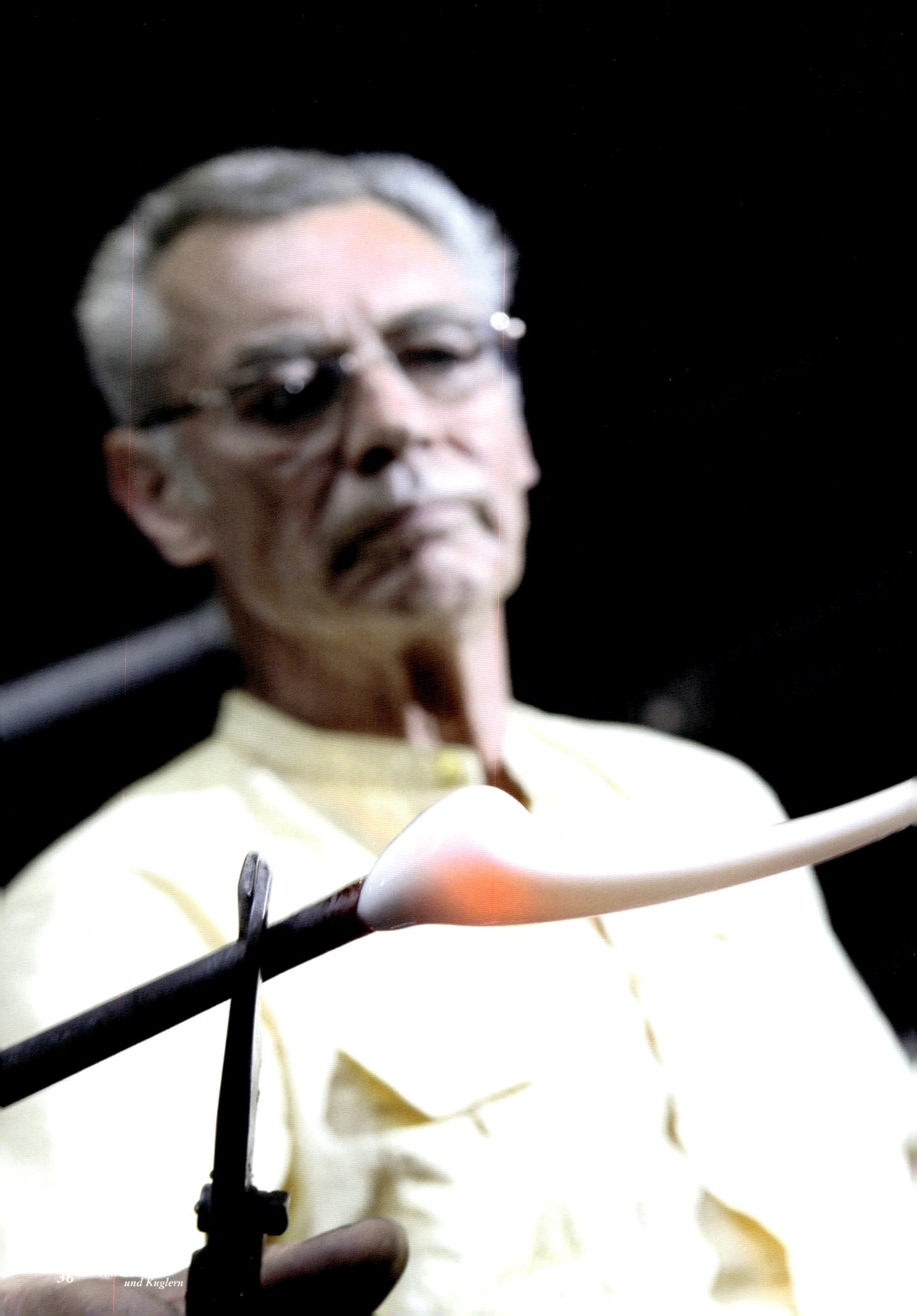

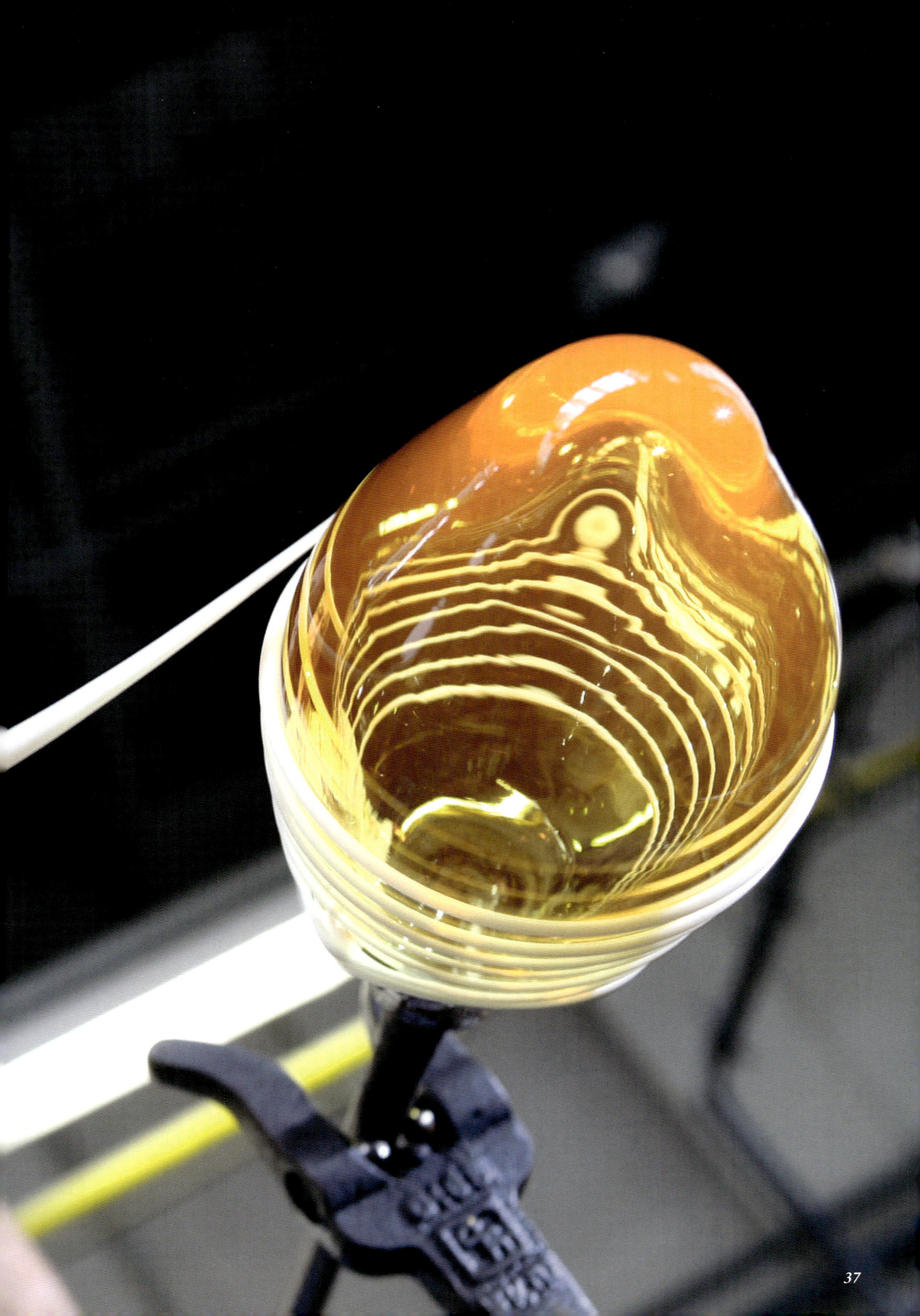

Apparateglasbläser
Fritz Bartelt sen.

„Alles, was du imstande bist zu tun, ist deine Pflicht – und über Pflichten zu reden, lohnt nicht." Diese nüchterne Feststellung, die ich als Bub von meinem Großvater gesagt bekam, wurde Jahre später zu meinem Lebensmotto. Aber auch eine andere Erkenntnis hat mein unternehmerisches Leben bestimmt. „Niemand soll Unternehmer werden, wenn er nicht auch Visionär ist." Erst die Bereitschaft und die Fähigkeit, aus der täglichen Routine bewusst herauszutreten und Dinge anzudenken, die eben nicht alltäglich sind, die Neues werden lassen. Ich bin zu keiner Zeit meines aktiven Unternehmerlebens mit dem Status quo zufrieden gewesen. Während die Hände gearbeitet haben, war ich mit dem Kopf schon woanders. Ich bin von Natur aus kein Handwerker, obwohl ich die Meisterprüfung mit Auszeichnung abgeschlossen habe. Immer schon hat mich Management und Unternehmertum fasziniert.

1936 wurde die Firma von meinem Vater gegründet, und er hat, als die Zeit gekommen war, sozusagen beschlossen, dass ich in die Nachfolge einzutreten und das Glasbläserhandwerk zu lernen habe. In einem Onkel, einem unglaublich begabten und willensstarken Mann, fand ich einen Förderer, der sehr früh meinen Sinn für unternehmerisches Denken erkannte und meine unternehmerischen Ambitionen maßgeblich unterstützte. Nach dem Tod meines Vaters habe ich den Betrieb mit acht Mitarbeitern übernommen. Es folgten lange Perioden mit 60 Wochenarbeitsstunden und zehn Jahre ohne Urlaub, aber mit erkennbarer Entwicklung des Unternehmens. In dieser Zeit, die mich persönlich sehr gefordert hat, hat meine Frau meine beruflichen Vorhaben immer voll und ganz unterstützt und damit beigetragen, auch besonders schwierige Phasen durchzustehen. In solchen Phasen muss man leider oft die Erfahrung machen, dass viele gute Vorhaben im Ansatz steckenbleiben, weil die unvermeidlichen Hindernisse entmutigen und einen zu früh aufgeben lassen. Das Procedere der Glasbearbeitung ist alt, und vielfach werden noch die gleichen Techniken verwendet wie vor 300 Jahren. In unserem Betrieb jedoch haben wir es mit hochkomplexen Produkten und modernen Materialien zu tun. Unser Ausgangsmaterial sind Glasrohre aus feuerfestem und chemisch hochbeständigem Glas.

Daraus werden die verschiedensten Glasgeräte für die Forschung in Chemie und Pharmazie gefertigt ebenso Präzisionsbauteile für die Messgeräteindustrie. Auftraggeber sind in erster Linie Universitätsinstitute, Betriebslabors, Umweltschutzlabors und Forschungslabors der Pharmaindustrie. Vieles, was forschende Wissenschaftler benötigen, ist nicht aus dem Katalog beziehbar. Es bedarf des Spezialisten, der ihre Ideen in ein funktionierendes Werkstück umsetzen kann. Hinter manchem unserer Produkte steht jahrelange Entwicklungsarbeit. Leider finden nur wenige junge Menschen Zugang zu diesem anspruchsvollen Handwerk. Es ist uns jedoch gelungen, entgegen diesem Trend, interessierte Jugendliche für unseren Beruf zu begeistern und erfolgreich ausbilden. Ich versuche, in unserem Unternehmen ein Klima des gegenseitigen Respekts und der Wertschätzung zu fördern und zu vermitteln, denn nur gemeinsam erbrachte Leistungen bringen wirtschaftlichen Erfolg.

Seit Jänner 2009 ist mein Sohn Mehrheitseigentümer und Geschäftsführer, was mich beruflich sehr entlastet und mir Gelegenheit gibt, mich langfristigen strategischen Aufgaben zu widmen. Meine beruflichen Visionen haben sich größtenteils erfüllt. Meine Wünsche für die Zukunft gelten meiner Familie und dem Unternehmen.

„Alles, was du imstande bist zu tun,
ist deine Pflicht – und über Pflichten
zu reden, lohnt nicht"

Kugler
Thomas Riemer

Die Berufsbezeichnung des Glaskuglers taucht erstmals etwa 1750 in Nordböhmen auf. Das war die Zeit, in der Trinkgläser, Flaschen und Krüge erstmals als Gebrauchsgläser gefertigt wurden. Da bei der Herstellung am Boden des Glases meist eine scharfe Bruchstelle übrig blieb, entwickelte man Schleifscheiben, mit denen man diese Bruchstellen mit einem Kugelschliff gebrauchsfähig machte. Aus dieser Tätigkeit entstand die Bezeichnung Kugler. Bald erkannte man, dass sich in Gläser auch andere Verzierungen schleifen ließen, die Techniken wurden verfeinert und haben im Schleifen von reich verziertem Bleikristall ihren Höhepunkt erreicht.

Unser Beruf ist noch wirkliches Handwerk. Das heißt, die Werkzeuge haben sich im Grunde seit dem Bestehen des Berufes nicht wesentlich verändert. Die einzig wirkliche Veränderung gab es durch den Einsatz von Diamantscheiben für den Glasschliff, wobei Industriediamanten in die Metallscheiben eingesintert werden. Unsere derzeitige Schwerpunktarbeit im Betrieb besteht im Schleifen von Kristalllüsterteilen wie Lichtschalen und Stangenteilen. Bei Trinkgläsern und Schalen können wir allerdings mit der Konkurrenz aus Tschechien, Rumänien oder Ungarn nicht mithalten.

Ein Mitarbeiter bringt ein altes Formenbuch. Eine Sammlung mit akribischen Zeichnungen der unterschiedlichsten Glaserzeugnisse, die der Urgroßvater und Firmengründer entwickelt hat. In letzter Zeit haben wir uns auch auf die Restaurierung von alten Glaserzeugnissen und Kristallglaslüstern spezialisiert. Ebenfalls auf die Herstellung von Einzelstücken, die es auf dem Markt in dieser Art nicht gibt. Eine Zeit lang waren ja Kristallgläser und Kristalllüster bei jungen Menschen ziemlich out, doch langsam steigen wieder das Interesse und die Nachfrage.

Beim Kugeln gibt es im Prinzip drei markante Glasschnitte: den Keilschnitt, die Olive und die Kugel. Mit diesen drei Grundformen können alle anderen Muster in den unterschiedlichsten Arten kombiniert werden. Bewerkstelligt wird das mit dem Kuglerwerkzeug – einer Art Schleifbock, auf dem die verschiedenen Schleifscheiben für die diversen Formenschliffe befestigt werden. Ich bin von meinem Vater nie wirklich gedrängt worden, diesen Beruf auszuüben, das hat sich sozusagen automatisch ergeben. In Zeiten der Hochkonjunktur, vor etwa 20 Jahren, hatten wir hier in Voitsberg 70 Mitarbeiter beschäftigt, davon waren 30 Glasschleifer. Auch ich bin damals von früh bis spät in der Werkstätte gestanden und habe Glas geschliffen. Jede Woche ging ein Container in die USA. Davon kann heute keine Rede mehr sein. Doch gibt es in unserer Unternehmensgeschichte viele Höhepunkte, an die man gerne zurückdenkt: So haben wir an der Restaurierung von Kristalllüstern und alten Beleuchtungen im Wiener Raimundtheater, dem Ronacher und auch im Hotel Sacher gearbeitet. In Kärnten haben wir in 400 Kirchen die Kristalllüster entweder restauriert oder die Kirchen mit neuen Kristalllüstern ausgestattet. Einmal habe ich sogar für Prof. Ernst Fuchs einen Glasfisch geschliffen.

Ich bin sehr stark mit dem Glasschleifen verbunden, und es ist für mich immer noch etwas Besonderes, mit dem Kuglerwerkzeug zu arbeiten.

„Es führt immer ein Weg weiter"

Von Gürtlern
und Kuglern

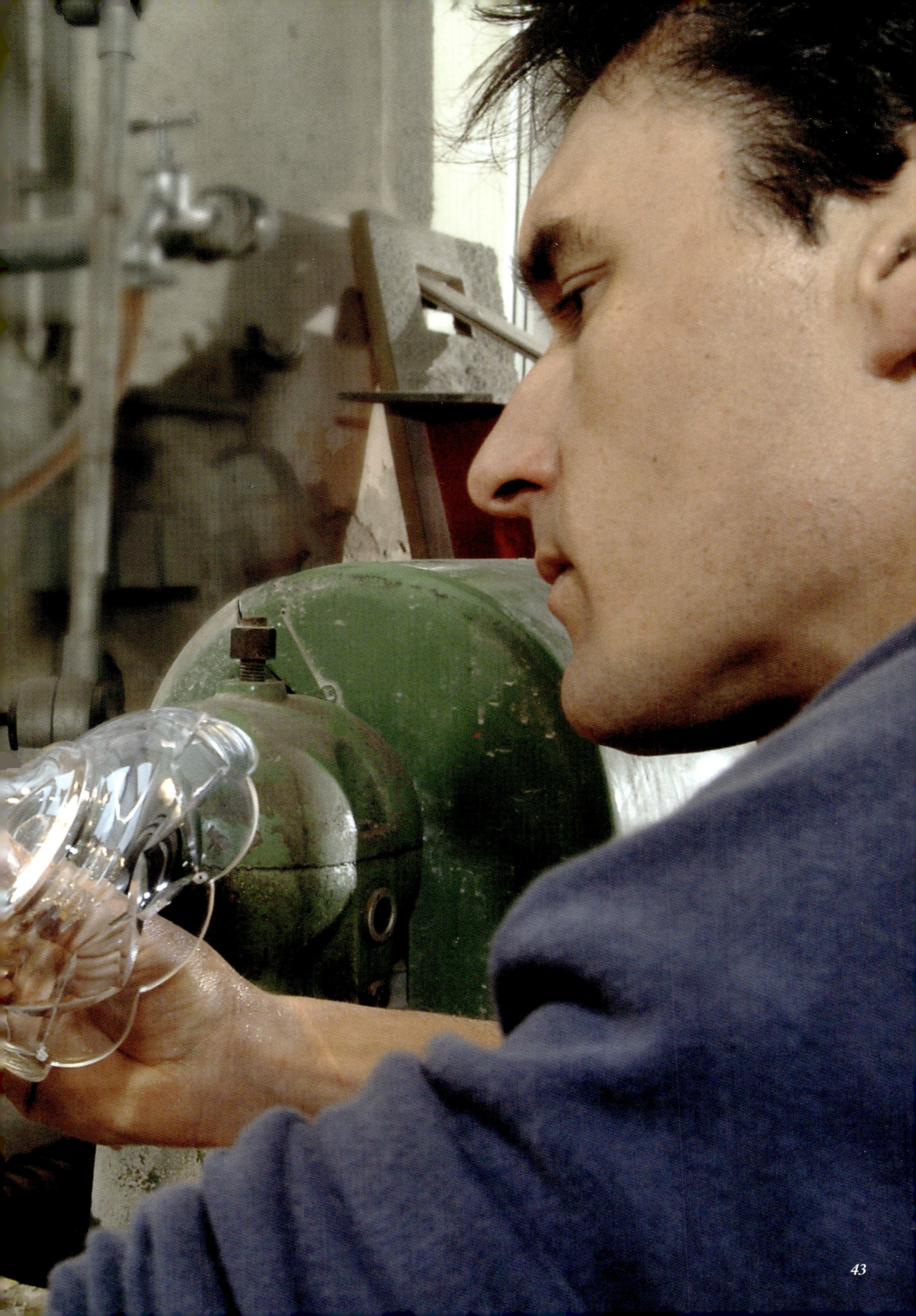

Büchsenmacher
Manfred Wutti

Handwerk und kreatives Arbeiten waren schon immer meine große Leidenschaft. Bereits als Schüler habe ich in meiner Freizeit mit einfachen Mitteln Spielzeuggewehre gebastelt. Logische Konsequenz war daher, nach der Pflichtschule eine Lehre bei einem Büchsenmacher in Graz anzutreten. Dort konnte ich mir ein solides Wissen über den logischen Aufbau der Waffen, alle wesentlichen Reparaturarbeiten und die gängigen Waffentypen aneignen. Nach diesen intensiven Jahren ergab sich die Möglichkeit, edle englische Jagdwaffen bei einem wirklichen Spezialisten zu restaurieren. Holland & Holland, Purdy, Steven Grand, Webley Scott – alles Namen, die das Herz des Fachmanns höher schlagen lassen – wurden dort in Präzisionsarbeit veredelt. So manches dieser Meisterstücke war über 100 Jahre alt und funktionierte nach der Restauration wieder präzise wie ein Schweizer Uhrwerk. Das weckte in mir die Lust, auch eigene Entwicklungen durchzuführen und Jagdwaffen in steirischer bzw. altösterreichischer Manier zu bauen. Mit 23 Jahren habe ich die Meisterprüfung im Büchsenmacherhandwerk abgelegt. In weiteren Jahren habe ich das Södingtal kennen- und liebengelernt und beschloss, mir dort ein Haus zu bauen und eine Werkstätte einzurichten. 1990 verwirklichte ich mir meinen Traum von der Selbstständigkeit und begann eigenständig Jagdwaffen herzustellen. Drehbank und Fräsmaschine, mit dieser Grundausstattung habe ich begonnen. Meine erste Auftragsarbeit war ein Ischlerstutzen. Bereits diese Arbeit habe ich vollständig in Handarbeit gefertigt. Meine Philosophie, Jagdwaffen der Jahrhundertwende, jedoch mit hochmoderner Technik, einschließlich Kalibern, zu fertigen, ging bald zur Gänze auf.

1991, auf der größten Jagdfachmesse in Nürnberg, habe ich dieses Meisterstück erstmalig präsentiert. Ein Journalist des Deutschen Waffenjournals (DWJ) sah diese Waffe, die ihm so gut gefiel, dass sie es gleich auf die Titelseite schaffte. Das hatte enorme Werbewirkung. Durch die Zusammenarbeit mit Wolfgang Fauland, der die Gravurarbeiten anfertigt, tragen unsere Erzeugnisse die Handschrift von lediglich zwei Personen und nicht, wie sonst üblich, eines ganzen Teams.

Ab der Preiskategorie eines Mittelklassewagens werden sämtliche Teile gearbeitet. Das ermöglicht mir, stilistisch ein Gesamtkunstwerk zu erzeugen. Der kaiserlich-königliche Stil ist mein Markenzeichen: hochmoderne, präzise Jagdwaffen in altösterreichischer Tradition. Das beginnt bereits beim Schaft des Gewehrs. Als Basis dient das Holz von bis zu 500 Jahre alten kaukasischen Nussbäumen. Das sind absolute Raritäten. 20 Jahre Lagerung sind Voraussetzung für die Eignung zur Schafterzeugung. Noch heute existieren Waffen aus der Antike mit Originalhölzern. Bei der Schlosserzeugung habe ich mir viel vom Mechanismus und der technischen Raffinesse alter Vorderlader abgeschaut. Dieses Wissen verwende ich bei der Herstellung meiner eigenen Hahnschlösser, die ich, als Besonderheit, mit einer einzigartigen Sicherung ausführe. Es folgen verschiedene Arbeitsschritte am Laufrohling. Danach kann mit dem Baskulieren, dem Einpassen des Laufes in den Systemkasten, begonnen werden. Dieser Vorgang verlangt äußerst genaues Arbeiten und ist sehr zeitaufwändig. 1500 bis 2500 Arbeitsstunden sind bis zur endgültigen Fertigstellung einer Jagdwaffe erforderlich.

Büchsenmacher zu sein, ist mein Leben, meine Berufung, mein Lebensglück. Nicht immer ist die Beurteilung nach finanziellen Kriterien das Wichtigste. Meine Kunden investieren in ein langlebiges Produkt, worin sich die eigene Kreativität und Persönlichkeit widerspiegelt. Nicht selten haben sich auch Freundschaften zwischen Kunden und Büchsenmacher entwickelt. Ehrlichkeit, Treue und Fleiß sind die Eckpfeiler in meinem Leben.

„Mensch, Idee und Kreativität verbindet sich in meinem Beruf"

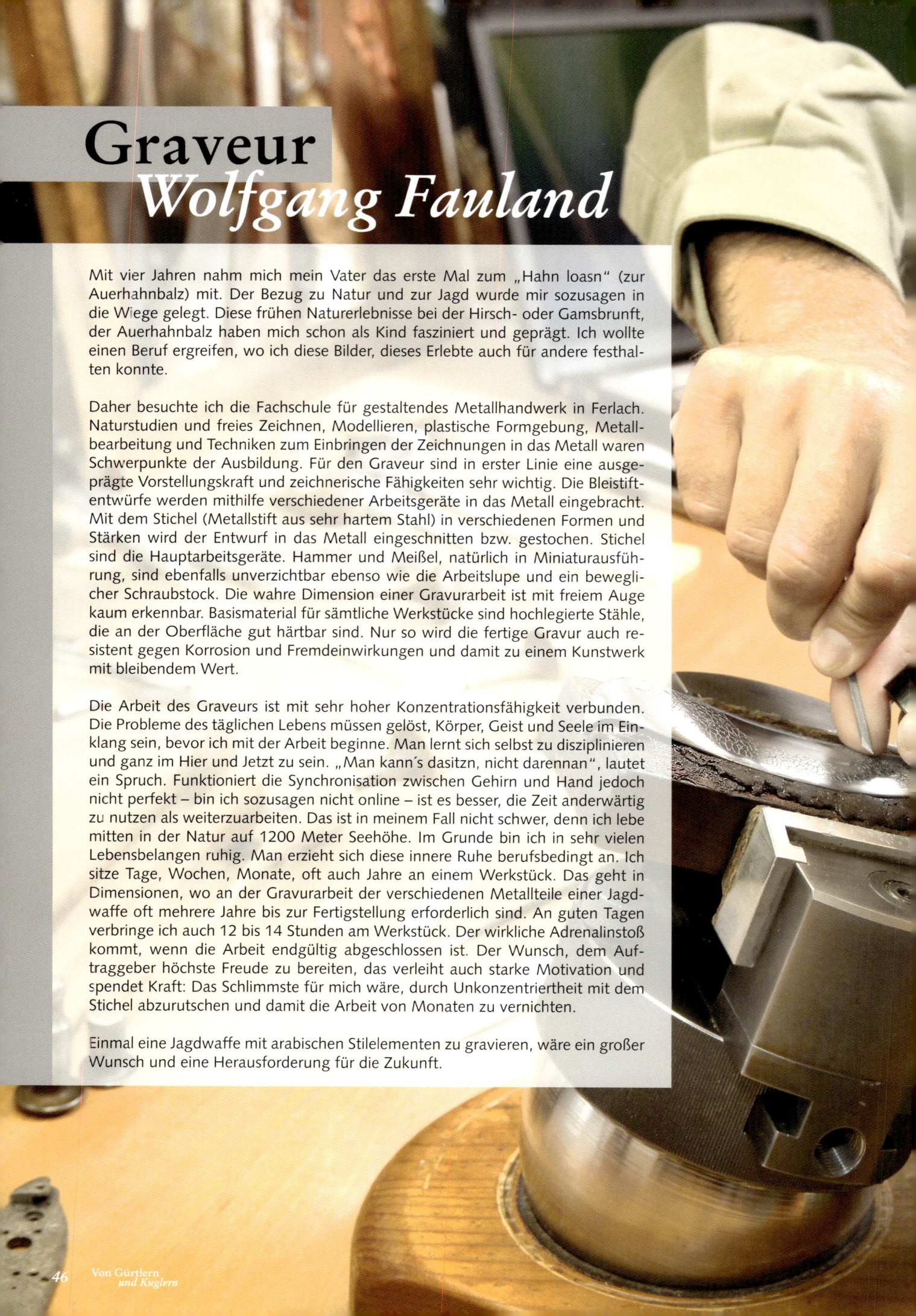

Graveur
Wolfgang Fauland

Mit vier Jahren nahm mich mein Vater das erste Mal zum „Hahn loasn" (zur Auerhahnbalz) mit. Der Bezug zu Natur und zur Jagd wurde mir sozusagen in die Wiege gelegt. Diese frühen Naturerlebnisse bei der Hirsch- oder Gamsbrunft, der Auerhahnbalz haben mich schon als Kind fasziniert und geprägt. Ich wollte einen Beruf ergreifen, wo ich diese Bilder, dieses Erlebte auch für andere festhalten konnte.

Daher besuchte ich die Fachschule für gestaltendes Metallhandwerk in Ferlach. Naturstudien und freies Zeichnen, Modellieren, plastische Formgebung, Metallbearbeitung und Techniken zum Einbringen der Zeichnungen in das Metall waren Schwerpunkte der Ausbildung. Für den Graveur sind in erster Linie eine ausgeprägte Vorstellungskraft und zeichnerische Fähigkeiten sehr wichtig. Die Bleistiftentwürfe werden mithilfe verschiedener Arbeitsgeräte in das Metall eingebracht. Mit dem Stichel (Metallstift aus sehr hartem Stahl) in verschiedenen Formen und Stärken wird der Entwurf in das Metall eingeschnitten bzw. gestochen. Stichel sind die Hauptarbeitsgeräte. Hammer und Meißel, natürlich in Miniaturausführung, sind ebenfalls unverzichtbar ebenso wie die Arbeitslupe und ein beweglicher Schraubstock. Die wahre Dimension einer Gravurarbeit ist mit freiem Auge kaum erkennbar. Basismaterial für sämtliche Werkstücke sind hochlegierte Stähle, die an der Oberfläche gut härtbar sind. Nur so wird die fertige Gravur auch resistent gegen Korrosion und Fremdeinwirkungen und damit zu einem Kunstwerk mit bleibendem Wert.

Die Arbeit des Graveurs ist mit sehr hoher Konzentrationsfähigkeit verbunden. Die Probleme des täglichen Lebens müssen gelöst, Körper, Geist und Seele im Einklang sein, bevor ich mit der Arbeit beginne. Man lernt sich selbst zu disziplinieren und ganz im Hier und Jetzt zu sein. „Man kann´s dasitzn, nicht darennan", lautet ein Spruch. Funktioniert die Synchronisation zwischen Gehirn und Hand jedoch nicht perfekt – bin ich sozusagen nicht online – ist es besser, die Zeit anderwärtig zu nutzen als weiterzuarbeiten. Das ist in meinem Fall nicht schwer, denn ich lebe mitten in der Natur auf 1200 Meter Seehöhe. Im Grunde bin ich in sehr vielen Lebensbelangen ruhig. Man erzieht sich diese innere Ruhe berufsbedingt an. Ich sitze Tage, Wochen, Monate, oft auch Jahre an einem Werkstück. Das geht in Dimensionen, wo an der Gravurarbeit der verschiedenen Metallteile einer Jagdwaffe oft mehrere Jahre bis zur Fertigstellung erforderlich sind. An guten Tagen verbringe ich auch 12 bis 14 Stunden am Werkstück. Der wirkliche Adrenalinstoß kommt, wenn die Arbeit endgültig abgeschlossen ist. Der Wunsch, dem Auftraggeber höchste Freude zu bereiten, das verleiht auch starke Motivation und spendet Kraft: Das Schlimmste für mich wäre, durch Unkonzentriertheit mit dem Stichel abzurutschen und damit die Arbeit von Monaten zu vernichten.

Einmal eine Jagdwaffe mit arabischen Stilelementen zu gravieren, wäre ein großer Wunsch und eine Herausforderung für die Zukunft.

„Man muss ruhig durchs Leben gehen und den Menschen Freude bereiten"

Gürtler
Otto Knizacek-Piller

1839 wurde der Betrieb von meinem Ururgroßvater gegründet. Betriebsstandort war Griesgasse Nr. 1000. – Damals war Graz noch durchnummeriert. 1910 wechselten wir auf den Bischofsplatz. Wir sind seit 170 Jahren ein Familienbetrieb. Ich habe den Beruf schon früh von meiner Mutter gelernt. Sie war eine der ersten Frauen in dieser Sparte. Meine Kinderstube war die Werkstatt. Später besuchte ich die Grazer Ortweinschule. Prof. Osterider und Prof. Szyszkowitz waren u. a. meine Lehrer.

Die Bezeichnung Gürtler hat nichts mit Gürteln im herkömmlichen Sinn zu tun. Der Beruf reicht bis ins Mittelalter zurück, wo großer Bedarf an Ritterrüstungen und Zaumzeug herrschte. Diese waren je nach Stand des Besitzers mit Messing- und Silberornamenten bestückt. Der Gürtler war für die Verbindung von Leder und Metallteilen zuständig. In der Barockzeit ergab sich dann für die Gürtler ein neues Betätigungsfeld: Kirchen wurden prunkvoll ausgestattet, und man benötigte viele sakrale Gegenstände, wie Kerzenständer, Monstranzen, Kelche, Weihwasserkessel, Rauchgefäße, Beleuchtungskörper und Ziborien. Das war die große Zeit der Gürtler. Bis heute ist das unser Betätigungsfeld. Wir fertigen aber auch Beschläge für Stilmöbel, Tafelgeräte und spezielle Fensterbeschläge – auf Wunsch auch nach eigenen Entwürfen.

Ein Kunde betritt das Geschäft: Herr Ludwig, seit über 25 Arbeitsjahren mit diesem Beruf und der Firma eng verbunden, übernimmt ein kleines Pastoralkreuz zur Reparatur. „Das brauche ich aber, wenn möglich, wieder um 16 Uhr", so der Kunde. Ich folge Herrn Ludwig in die Werkstatt. Wir machen alles noch in Handarbeit, Messing, Silber und Kupfer sind die bevorzugten Metalle. Das Rohmaterial wird in Stangen- und Plattenform geliefert. Viele Arbeitsschritte sind nötig, bis etwa ein Kerzenleuchter fertig gestellt ist, *erklärt Herr Ludwig*. Das beginnt bei Entwurf und Planung, dem Zuschnitt der Metallteile, dann wird das Material in eine Grundform getrieben, verlötet oder verschraubt und Ornamente werden eingetrieben und ziseliert. Ornamentik ist ein wesentlicher Teil des Berufes. Aber auch künstlerisches Verständnis und eine gute Vorstellungskraft sind notwendig. Die Arbeitsgeräte sind im Grunde die eines Schlossers. Zusätzlich haben wir jedoch verschiedenste Punzen, Ziselierhämmer und Treibhämmer in Verwendung. Werden spezielle Ornamente gewünscht, werden Gussformen aus Gips oder Holz angefertigt. Diese können dann zur Vervielfältigung verwendet werden.

Eines unserer größten und schwierigsten Stücke war ein Luster für die Kirche in St. Blasen, *erzählt Otto Piller*. Es ist jedes Mal ein Nervenkitzel, bis so ein Stück transportiert, vor Ort montiert und dann das erste Mal eingeschaltet wird. Das ist die Würze des Berufes. Aber auch die Geduld ist eine wichtige Eigenschaft in diesem Beruf wie auch das Formgefühl. Oft prüfe ich einen Gegenstand, lege ihn wieder ab, um mich später erneut damit auseinanderzusetzen. Es braucht Zeit, bis alles stimmig ist. Gegenstände sind Kompositionen. Wenn Unformen und Dissonanzen auftreten, schreit das Auge!

Ein Großauftrag in letzter Zeit war die Restaurierung der Franziskanerkirche in Marburg/Slowenien. Wir restaurierten insgesamt elf Messingluster in neuromanischem Stil und den gesamten Hochaltar. Einmal im Monat gehe ich zum Stammtisch. Das ist dann immer sehr befreiend. Denn die Probleme und Sorgen des Berufes beschäftigen mich oft bis in die Nacht.

„Gegenstände sind Kompositionen. Wenn Dissonanzen oder Unformen auftreten, schreit das Auge"

Von Gürtlern
und Kuglern

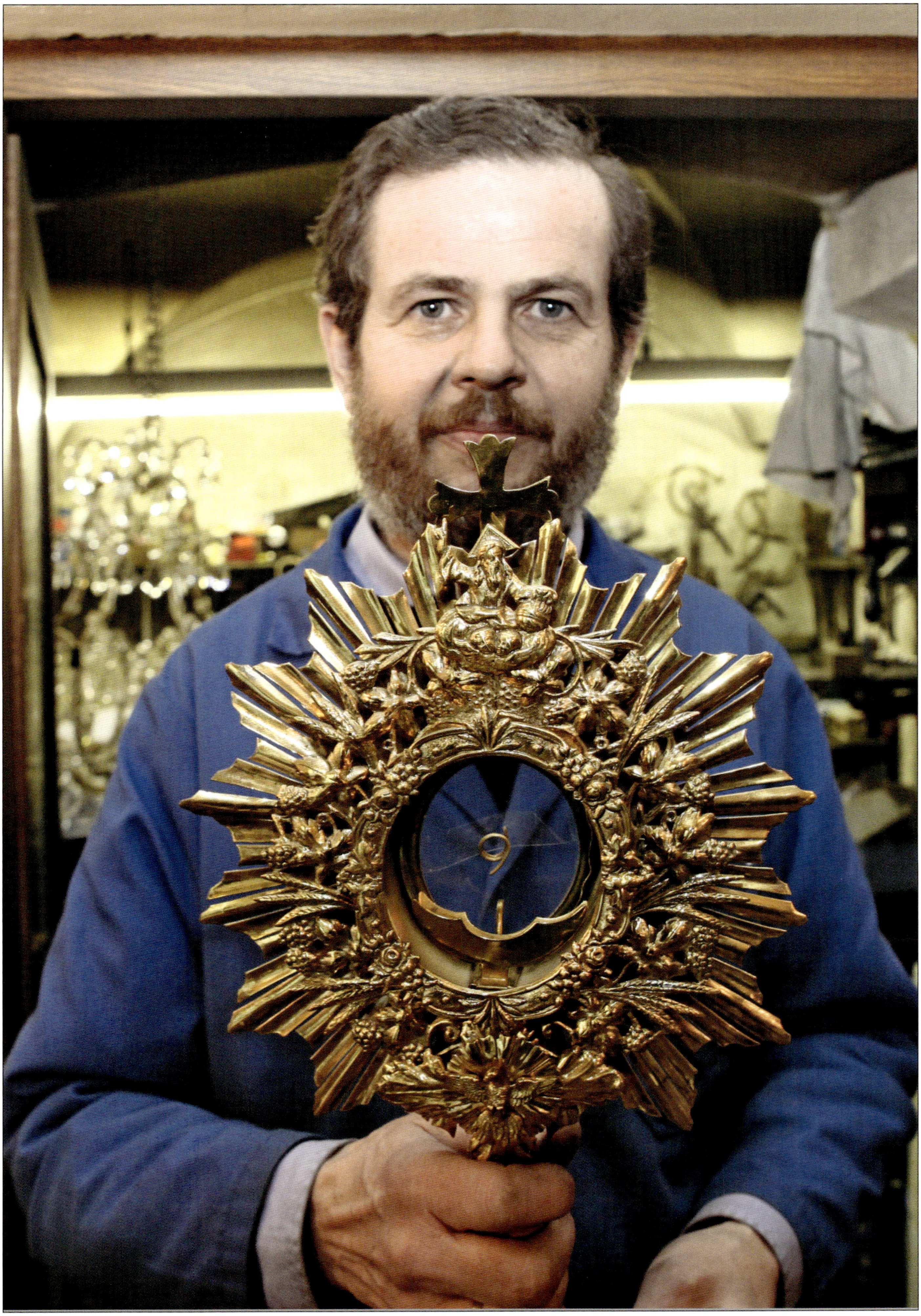

Orgelbauer
Walter Vonbank

Musik hat in meinem Leben schon immer eine große Rolle gespielt. Vielleicht hat mich auch meine Zeit als Ministrant in meinem Heimatort Braz in Vorarlberg geprägt. Damals wurde gerade die Orgel renoviert und ich hatte öfters die Gelegenheit, mir das Innenleben anzusehen. Später ist das Interesse intensiver geworden, und ich habe mit der Orgelbauerlehre begonnen. Ich wollte einen Beruf ergreifen, der mir und meiner Umgebung nicht schadet. Nach den Gesellenjahren machte ich mich selbstständig. Wir hatten bereits in Wien und Scheifling eine Werkstätte, bevor wir mit der Firma 1995 nach Triebendorf gesiedelt sind. Meine Frau und ich sind hier verwurzelt, haben uns eine gute Infrastruktur geschaffen und leben soweit als möglich nach ökologischen Grundsätzen. Durch Solarenergie und Passivwärme benötigen wir für Werkstätte und Haus nicht mehr Energie als für ein Einfamilienhaus.

Jede Orgel hat ihren eigenen Charakter, sowohl klanglich wie auch technisch und optisch. Wir hauchen dem Instrument sozusagen die Seele ein, die durch den Meister, der die Orgel spielt, zum Klingen gebracht wird. Kaum ein Instrument ist so facettenreich und komplex im Aufbau wie die Orgel. Von der Klaviatur wird der Tastendruck über die Traktur (ein filigranes Werk aus Holzstäben) auf die Ventile der Windladen übertragen. Darüber stehen die Pfeifen. In der Windlade zirkuliert ständig Luft. Wenn sich nun die Traktur bewegt, öffnet sich ein Ventil und der Wind geht in die Pfeife. Die Prospektpfeifen sind die sichtbar angebrachten Pfeifen einer Orgel, doch das ist nur ein Bruchteil des Pfeifenwerks. Große Orgeln haben über 100 Register und jedes Manual-Register hat mindestens 56 Pfeifen. Jedes Register hat seine Klangfarbe und aufgrund der Mischbarkeit unter den Registern können tausende Klangfarben entstehen.

Gehäuse, Mechanik und Windladen – alle Einzelteile werden bei uns in der Werkstätte händisch gefertigt. Ebenso die Metallpfeifen. Vom Gießen der Bleche bis zur Intonation ist alles aus einem Guss. Eine Pfeife besteht aus Fuß, Körper und Kern. Für die Herstellung einer einzelnen Pfeife sind, um nur die wichtigsten Arbeitsschritte zu nennen, Zuschnitt, fasen, löten, einrollen und rundieren, labieren, abrichten, Kern auflöten, aufschneiden, reinigen und zum Abschluss intonieren nötig. Die Arbeit an den Pfeifen macht mir besonders Spaß. Je näher ich dem Ziel komme, desto spannender wird es. Da stelle ich mir schon lebhaft vor, wie die Orgel am Schluss klingen wird.

Acht Monate ist bei uns ein Richtwert für die Fertigung einer 10-Register-Orgel. Kreativität in die Arbeit einzubringen und sich immer wieder auf etwas Neues einzulassen, ist meine Maxime. Orgelbau durchwirkt mein ganzes Leben – ich tue ja auch fast nichts anderes. Ich kann mir vorstellen, dass mir dieser Beruf bis ans Lebensende Freude bereitet.

„An einem schönen Ort schöne Dinge machen, das ist das Wichtigste"

54 *Von Gürtlern und Kuglern*

55

Bootsbauer
Felix Suchanek

Bezug zum Wasser, den hatte ich schon in früher Jugend. Schließlich wohnten wir nur 300 Meter vom Altausseer See entfernt. Da war es ganz klar, dass ich mich viel am See aufhielt. Als ich sieben Jahre alt war, nahm mich mein Vater auch regelmäßig zum Fischen mit.

Die Begeisterung für den Bootsbau kam erst später. Mit 24 Jahren war ich Tischlermeister und in der Möbelbranche tätig. Dann lernte ich am Starnberger See einen Bootsbauer kennen. Er machte mir einen Vorschlag: „Du machst mir ordentliche Türen für mein Haus, und ich bringe dir bei, wie man Boote baut." Aus diesem Deal entwickelte sich meine Leidenschaft für diesen Beruf. Ursprünglich wurden die Plätten auf den Seen des Salzkammerguts zum Holz-, Getreide- und Salztransport eingesetzt. Der fehlende Kiel macht diesen Bootstyp unempfindlich gegen Untiefen, durch die hochgezogene Spitze lässt sich das Boot an fast jeder Stelle leicht ans Ufer bringen. Entscheidend für die Qualität einer Plätte ist die Wahl des richtigen Holzes. Lärchenholz eignet sich am besten. Doch nur wenige Bäume entsprechen meinen strengen Kriterien. Langsam gewachsen, mit engen Jahresringen, gute 40 cm im Durchmesser und auf mindestens 9 Meter ein gerader Stamm. Das sind gute Voraussetzungen. Oft schaue ich mir 50 Bäume an, glaube sieben Stämme gefunden zu haben. In Wahrheit eignen sich dann oft nur drei davon. Schwierigkeiten bereitet meist auch das Ausbringen des Holzes aus dem nicht selten extrem unwegsamen Gelände. Dann lagert das Holz erst einmal – idealerweise sieben bis acht Jahre.

Der eigentliche Plättenbau beginnt mit der Fertigung des Bootgerippes. Sogenannte „Kipf'n" geben die charakteristische Form vor. Dann werden die ersten Bretter auf dem Boden verschraubt. Es folgen die seitlichen Wände. Diese werden ebenfalls an den „Kipf'n" befestigt. Der Boden wird mit einer widerstandsfähigen Hochseedichtmasse versiegelt. Dann folgen die Ruderstöcke, wobei aus Ochsenziemern ein Ring geformt wird, der das Ruder hält und fixiert. Fräse-, Schnitz- und Formarbeiten bilden den Abschluss. Das Rudern mit der Plätte erfordert Übung und eine spezielle Technik. Ich habe es schon als junger Bursch gelernt. Nach einigen Übungseinheiten ist die Chance groß, dass auch Neuanfänger schon einigermaßen gerade weiterkommen und nicht nur im Kreis fahren. Bekommt man es vier oder fünfmal gezeigt, geht's schon ziemlich gerade dahin.

Für mich ist absolut wichtig, dass meine Kunden auch die entsprechende Wertschätzung für die gekauften Boote mitbringen. Das beginnt beim „Wässern" des Bootes, bei dem der neue Besitzer unbedingt anwesend sein muss, und schließt natürlich auch einen Wartungsvertrag für die ersten vier Jahre ein. Klaus Maria Brandauer und Helmut Marko haben das ebenso akzeptiert wie Konsul Mautner Markhof und Hannes Androsch.

Ein großer Wunsch von mir wird bald Realität werden: Ein eigener Bootsverleih am Grundlsee nur mit originalen Holzbooten. Ab Juli 2010 soll's losgehen.

„Spontaneität und Freude an Holz und Wasser"

Bierbrauer
Gerhard Forstner

Ein sonniger Spätnachmittag unter der Hopfenlaube der Handbrauerei Forstner in Kalsdorf. 43 verschiedene Biersorten kreiert Gerhard Forstner nach eigenen Rezepturen, einige Bierspezialitäten werden sogleich verkostet. Als Entree ein vollmundiges, rötlich schimmerndes Bier namens „Das Rote", danach folgt das bodenständige guinissartige „Styrian Ale". Nach einem kurzen Intermezzo mit einem Stout folgt ein facettenreiches Absinthbier. Jetzt wird es etwas luftiger, und prickelnd ergießt sich ein „Brew-Secco" ins hochstielige Glas. Zu jedem Bier weiß Gerhard Forstner eine Geschichte zu erzählen. Nun folgt ein dreifach vergorenes „Tripple 22" und als Höhepunkt das „5 vor Zwölf"-Starkbier mit 33 Grad Stammwürze und 13 % Alkohol, serviert im Cognacglas bei Zimmertemperatur.

Mein erstes Bier habe ich auf dem Ofen in einem großen Topf mit einfachstem Zubehör gebraut. Leider konnte ich niemand daran teilhaben lassen, denn schon während des Entstehungsprozesses habe ich alles selbst konsumiert. Nachdem ich das Optikerhandwerk erlernt und mit der Meisterprüfung abgeschlossen hatte, war ich einige Zeit Reisekaufmann, dann wechselte ich in die Landwirtschaft. Zusammen mit meiner damaligen Frau führte ich einen Biobauernhof in der Nähe von Stiwoll mit angeschlossener „Tofurei", also Tofuerzeugung. Damals war die Pionierzeit auf diesem Sektor. Wir wechselten später nach Gamlitz, wo ich ebenfalls Biobauer war. Nach der Scheidung stand ich vor dem Nichts und musste mit 49 Jahren wieder bei meiner Mutter wohnen. Dort habe ich begonnen, selbst Bier zu brauen und ich bin auf den Geschmack gekommen.

Bierbrauen ist für mich immer ein besonderes Erlebnis: Zuerst wird Malz geschrotet und mit Wasser langsam erwärmt. Bei ca. 80 Grad Celsius trennt sich Festes von Flüssigem. Es bleibt die sogenannte Würze, die Treber (Abfallprodukt) werden entsorgt. Die Würze wird gekocht, dann wird Hopfen zwecks Geschmack und Haltbarkeit hinzugefügt. Diese Flüssigkeit wird schnell gekühlt, und nach Beigabe von Hefe beginnt die Gärung, wobei Zucker in Kohlensäure und Alkohol umgewandelt wird. Es sind jedoch die Feinheiten des Brauprozesses und spezielle Beigaben, die das Bier zu etwas Besonderem werden lassen.

Ich bin ein Querdenker und dementsprechend unbekümmert an das Bierbrauen herangegangen. Die Initialzündung war für mich jedoch eine Studienreise mit „Bierpapst" Konrad Seidl nach Belgien, dem Bierland schlechthin. Besonders bei Starkbieren und spontan vergorenen Bieren ist Belgien unschlagbar. Wir besuchten 13 verschiedene Brauereien. Ich konnte mir sehr viel Insiderwissen aneignen, etwa über die verschiedenen Hefearten, Gärungstemperaturen und wie Zucker bei Bier verwendet wird. Das habe ich in meine eigenen Rezepte einfließen lassen.

Hier in Kalsdorf arbeite ich mit meiner Frau im Team. Wir sind ein Zwei-Personenbetrieb mit vier Kindern und zwei Hunden. Sollte meine Vision Wirklichkeit werden, möchte ich einmal als Gründer einer Braudynastie genannt werden.

„Tue nichts dafür, und tue nichts dagegen und alles ist getan" *Laotse*

Ölpresserin
Gabriele Schmidt

Unser Betrieb ist seit 1802 im Familienbesitz und gehört zu den ältesten Kernöl produzierenden Betrieben in der Steiermark. Ich habe mir nie wirklich vorstellen können, woanders zu arbeiten. Schon als Teenager war es für mich logisch, den Betrieb von meinen Eltern zu übernehmen. Es war ein fließender Prozess – sozusagen learnig by doing. Früher war das Sägewerk unsere Haupteinnahmequelle. Jetzt ist liegt der Schwerpunkt auf der Kürbiskernölproduktion.

Gelegentlich sieht man noch Leute auf dem Feld, die „kiefeln", das heißt, die Kürbiskerne händisch aus dem Kürbis nehmen, doch mittlerweile erledigen das meist die Erntemaschinen. Für die Herstellung des Kernöls verwenden wir nur den in der unmittelbarer Umgebung wachsenden „Cucurbita pepo var. styriaca" Kürbis. 600 bis 700 kg Kürbiskerne ist ein durchschnittlicher Ertrag pro Hektar Anbaufläche. Da sind die Kerne jedoch schon getrocknet. Wir arbeiten auf Basis Ölverkauf und Lohnpresse. Es ist eine Art Naturalwirtschaft. Die Bauern bringen uns Kürbiskerne und lassen pressen. Entscheidend ist, dass sie auch ihr eigenes Öl wieder zurückbekommen, denn das ist die Basis für die Vermarktung.

Zur Hochsaison im Herbst beginnt die Arbeit meist um fünf Uhr in der Früh und dauert bis 10 oder auch 12 Uhr in der Nacht. Zunächst werden die Kerne durch Verröstung getrocknet und anschließend, nach alter Tradition, mit der Steinmühle zum so bezeichneten Mahlgut vermahlen. Dabei entsteht ein grüner Brei. Dann wird das Mahlgut mit Wasser und Salz angerührt und die Masse wird verknetet. Die Poren öffnen sich und Eiweiß und Fett werden getrennt. Beim nachfolgenden Röstprozess auf dem Holzfeuer verdampft das Wasser, und es entsteht der typisch nussige Kernölgeschmack. Auch das Holzfeuer sorgt für einen speziellen Geschmack. Für die nachfolgende Pressung wird die Masse händisch schichtweise, zwecks besserer Druckverteilung, eingefüllt und hydraulisch mit einem Druck von 300 bar gepresst. Zurück bleibt der Ölkuchen. Das sind harte grüne Platten. Sie werden verfüttert oder nochmals für Mischöle gepresst.

Kürbiskernöl hat einen hohen Anteil an ungesättigten Fettsäuren – wichtigen Bausteinen für den Körper. Weiters hat es einen hohen Selen- und Vitamin-E-Anteil. Innovation ist mir wichtig. Ich möchte die Ölmühle ausbauen, einen Weg finden, traditionelle und moderne Arbeitsmethoden zu verbinden und vor allem die Verarbeitungsprozesse physisch leichter gestalten. Durch meine praktischen Erfahrungen bin ich zum Schluss gekommen, dass die jahrhundertealten Methoden wirklich Substanz haben und sich am besten für die Ölerzeugung eignen. Derzeit habe ich drei Mitarbeiter beschäftigt. Jemanden zu finden, der Ölpresser werden will, ist jedoch gar nicht so einfach.

„Begeisterung erhebt das Leben über das
Alltägliche und verleiht ihm erst einen Sinn"

Norman Vincent Peale

Greißlerin
Heidi Schlömmer

Kramladen an der Stiege in Pürgg. Schon vor 600 Jahren gingen hier Waren des täglichen Gebrauchs über den Ladentisch. Vieles ist über die Jahrhunderte unverändert geblieben: die ausgetretene Steintreppe zum Haustorbogen, die eisenbeschlagene, massive Holztür, der Felsenkeller, wo Obst und Gemüse und Getränke unter optimalen Bedingungen lagern. Jeder Quadratzentimeter des Geschäftes wird genutzt, auf 24 m² lagern mehr als 2000 Produkte.

Ich bin die Heidi. Die Pürgger sagen: Wir gehen zur Heidi einkaufen. Es ist ein sehr persönlicher Kontakt, den ich mit meinen Kunden pflege. 100 Einwohner hat Pürgg derzeit. Viele kennen mich schon seit ich ein kleines Mädchen war, und auch ich kenne viele schon fast mein ganzes Leben lang. Von den meisten weiß ich ganz genau, was sie brauchen. Ich führe sozusagen ein maßgeschneidertes Sortiment, und als besonderen Service gibt´s bei mir auch noch ein Kundenbücherl zum Anschreiben. Sogar spezielle Namen haben meine Käufer für bestimmte Produkte erfunden: Etwa die „Gottfriedwurst" – die kauft nur eine Kundin und meint damit eine 10er Packung Bio-Highland-Cabanossi. Oder eine andere Kundin hat wieder Lust auf eine Stange „Heidiwurst". Hinter diesem Synonym verbirgt sich eine Stange Wiesbauer Spezialponlische, besonders hart, die ich nur für diese Kundin so lange lagere.

Bis in die Mitte des 20. Jahrhunderts brachten Pferdefuhrwerke noch die Lebensmittel nach Pürgg und bis Anfang der 70er Jahre wurden die meisten Waren bei uns noch aus Fässern und Säcken ausgegeben. Milch, Zucker, Mehl, Salz, Hühnerfutter und Tinte für die Schüler. Wir verkauften damals auch Stoffballen, Wolle und Unterwäsche. Herr Emmerich brachte das Brot von Untergrimming zu Fuß in einem großen Korb über den steilen Serpentinenweg zu uns herauf. Dort oben in der Ecke habe ich noch alte Gefäße von Großvater mit Ölraritäten: Skorpionöl, Rizinusöl, Vaselinöl und kleinere Fläschchen unbekannten Inhalts. Die braucht heute zwar niemand mehr, aber zum Wegwerfen sind sie auch zu schade.

Anlaufstelle für persönliche Probleme zu sein und manchmal auch ein wenig Seelentrösterin, das gehört einfach zur Greißlerin Heidi. Es ist keine Einbahnstraße, sondern ein wechselseitiges Geben und Nehmen. Urlaub ist für mich nicht sehr wichtig. In den letzten fünf Jahren waren es vielleicht drei bis vier Tage. Daher freue ich mich immer besonders, wenn mir Kunden kleine Mitbringsel von ihren Reisen ins Geschäft bringen.

„Gott regelt perfekt,
was mich besorgt macht"

Bergbauern
Anita und Manfred Purgstaller

Manfred: Den Reichkrieglhof führen wir schon in der vierten Generation. Die Geschichte des Hofes lässt sich bis ins Jahr 1542 zurückverfolgen. Früher war er sogar einige Zeit Richterhaus, später, in unruhigeren Zeiten, Zufluchtsort bei Bedrohung durch Feinde. Derzeit bewirtschaften wir 24 ha Grund. Davon sind 16 ha Grünland, der Rest ist Waldbestand. Unlängst haben wir von Milchwirtschaft auf Mutterkuhbetrieb umgestellt. Wir züchten die „Murbodner Kuh", eine seltene Rasse, die schon vom Aussterben bedroht war. Die EU fördert dieses Projekt. Unser Hof ist derzeit ein Nebenerwerbsbetrieb. Ich arbeite bei der Post als Briefträger. Ohne Mithilfe meiner Eltern wäre die Arbeit nur sehr schwer zu bewältigen. Bis vor kurzem bin ich täglich um 3 Uhr früh aufgestanden, um die Kühe zu melken. Jetzt gehe ich um halb fünf Uhr früh zur Arbeit und komme um 14 Uhr wieder nach Hause. Dann beginnt die Arbeit auf dem Hof: Heuernte, Waldarbeit, Stallarbeit und verschiedene andere Arbeiten. Viel wird, bedingt durch die Steilheit des Geländes, noch mit der Hand gemäht. So dauert ein Arbeitstag in der warmen Jahreszeit oft bis zu 15 Stunden.

Anita: Gegen 6 Uhr früh beginne ich mit dem Austreiben der Kühe. Dann bereite ich das Frühstück für die Gäste, denn wir haben drei Ferienwohnungen auf dem Hof. Es folgt die Büroarbeit und die Arbeit im Gemüsegarten. Ich koche fast ausschließlich mit Gemüse aus dem eigenen Garten. Obwohl wir auf 720 Meter Seehöhe liegen, gedeihen bei uns sogar Zitronen. Blumenpflege, die Versorgung der Haustiere, zurzeit haben wir zehn Katzen, zwei Hasen, zwei Schweine und eine Haflingerstute namens Lana, und den Hof in Schuss zu halten, das hält mich auch einigermaßen auf Trab. Drei Generationen leben bei uns auf dem Hof. Mittags koche ich meist für die ganze Familie. Vorzugsweise bodenständige, regionale Hausmannskost, zum Teil nach alten Rezepten der Großeltern.

Manfred: Oft ist die Nacht sehr kurz und der Tag sehr lang, denn an lauen Abenden sitzen wir gerne mit den Hausgästen in unserer Weinlaube und verkosten selbstgebrannte Schnäpse. Das Schnapsbrennen ist die Domäne meines Vaters, der hervorragende Zwetschken- und Birnenschnäpse und Obstler brennt. Ich spiele Posaune und Tenorhorn und war 25 Jahre lang mit einem Volksmusiktrio, dem Steinbergtrio, in ganz Österreich unterwegs. Das habe ich jetzt zeitbedingt aufgeben müssen. Nach wie vor spiele ich aber in der Stiwoller Ortsmusik. Wir haben in Stiwoll noch eine funktionierende Dorfgemeinschaft, wo ich mich sehr wohl fühle. Für mich war immer klar, dass ich auf dem Hof bleibe. Schließlich bin ich ja auch auf dem Hof geboren. Gelernt habe ich den Beruf des Schmieds. Diese Fertigkeiten kann ich auch bei der Arbeit hier sehr gut gebrauchen. Mein größter Wunsch ist, den Hof auch in Zukunft weiter bewirtschaften zu können, denn ich bin leidenschaftlich gerne Bauer.

Anita: Kennengelernt haben wir uns über die Arbeit bei der Post. Ich bin in Gratkorn aufgewachsen, und es war für mich eine große Umstellung, in einem landwirtschaftlichen Betrieb zu arbeiten und zu leben. In der Natur zu sein und die Arbeit in der Natur machen mir mittlerweile großen Spaß. Auch die Hausgäste bringen Abwechslung. Es kommen vor allem Familien mit Kindern, die Ruhe suchen, oder Senioren, die gerne wandern und spazieren gehen. Das Gefühl der Unabhängigkeit und Selbstständigkeit auf dem Hof ist mir, besonders in wirtschaftlich schwierigen Zeiten, sehr wichtig.

Manfred: So richtig bewusst, wie einsam wir leben, wurde uns erst, als 2008 der Sturm Paula die Gegend verwüstete. Wir waren über eine Woche ohne Strom, und die Zufahrtsstraße mussten wir mit Seilwinden und Motorsägen freimachen.

„Landschaftserhalter zu sein, liegt uns sehr am Herzen"

Mühlenwart
Rudolf Wiesenegger

Eisiger Sturm peitscht über die Bergkämme des Lachtales, gleichzeitig herrscht dichter Nebel. Der Windpark mit seinen 13 Windrädern lässt sich bei diesen Witterungsverhältnissen in seinen Dimensionen nur erahnen. Die Geräusche der Windflügel vermischen sich mit dem Heulen des Sturms und erzeugen eine gespenstische Atmosphäre. Kurz lichtet sich der Nebel und gibt den Blick auf einige der fast 100 Meter hohen Anlagen frei.

Als gelernter Industrieelektriker und Elektrotechniker bin ich so etwas wie Betriebsleiter und Hausmeister in einer Person. Ich betreue und warte 13 Windkraftanlagen, die hier im Windpark Oberzeiring im Einsatz sind. Durch die hochalpine Lage sind wir eines der spektakulärsten Windkraftprojekte weltweit. Die Überwachung der Anlagen funktioniert online. Ich kann den Status jeder einzelnen Maschine auch von meinem Wohnort in Oberzeiring abrufen. Gibt es ein Problem, meldet sich die Maschine selbst per SMS oder Mail. Kleinere Reparaturen kann ist selbst durchführen, fahre mit dem Lift ins Maschinenhaus in 60 Meter Höhe und entscheide aufgrund der Fehlermeldung, was zu tun ist. Bei größeren Schäden werden die einzelnen Komponenten mithilfe von Autokränen getauscht.

Besonders im Winter ist die Arbeit durch die extremen Witterungsverhältnisse oft sehr mühevoll. Die Hauptwege sind ständig freizuhalten. Mit dem Pistengerät oder dem Skidoo, einer Art Motorschlitten, fahre ich zu Kontrollzwecken die einzelnen Anlagen ab. Oft herrschen Temperaturen unter minus 30 Grad Celsius, orkanartige Stürme wirbeln den Schnee hoch, und man sieht kaum ein paar Meter weit. Besonders die Vereisungen an den Rotorblättern sind gefährlich. Da darf man sich nur in Schutzausrüstung und von der Windseite der Anlage her nähern.

Windkraft ist eine Topsache. Sie verbraucht keine Ressourcen und erzeugt keine schädlichen Emissionen. Wir erzeugen bis zu 45,5 GWh Strom im Jahr. Das ist die jährliche Stromversorgung von bis zu 15.000 Haushalten. Über eine 22 km lange Erdleitung wird die gewonnene Energie ins Umspannwerk Teufenbach im Murtal eingespeist. Die 33 Meter langen Rotorblätter drehen sich 12 bis 25 Mal in der Minute. Jedes einzelne Rotorblatt wird separat gesteuert und steht somit immer optimal zur Windrichtung.

Immer schon war ich ein naturverbundener Mensch. Obwohl ich fast ausschließlich alleine und sehr abgeschieden arbeite, ist dieser Job für mich mein Traumberuf.

„Wir sollten die Erde so verlassen, wie wir sie als Kinder vorgefunden haben"

Industriekletterer
Gerhard Hubmann

Gehe nicht, gefährlich! Gehe, nicht gefährlich!
Was ein kleines Satzzeichen alles bewirken kann. Genaues Überlegen bestimmt in vielen Extremsituationen oft das erfolgreiche Bewältigen und auch das gesunde Nachhausekommen!

Zu meinem Beruf als Industriekletterer bin ich über meine Leidenschaft, das Bergsteigen, gekommen. Schon mit 13 Jahren habe ich mit dem Klettern begonnen, mit 17 war ich bereits bei der Bergrettung, und es reifte der Entschluss, Bergführer zu werden. Die Idee als Industriekletterer gewerbemäßig zu arbeiten, kam durch einen Auftrag, Weihnachtsbeleuchtung an den Außenfassaden der Burg Kapfenberg zu montieren. Bald danach recherchierte ich im Internet und wurde fündig. In Berlin wurde eine Ausbildung zu diesem Beruf angeboten. Zusammen mit meinem Berufskollegen Ewald Weitzer besuchte ich diesen Spezialkurs.

Industrieklettern erfordert viel Fachwissen und spezielle Seiltechnik. Markantester Unterschied zum Sportklettern ist, dass man mit zwei Seilen gleichzeitig arbeitet (Arbeits- und Sicherungsseil), oder dass man mit Seilen Sicherungsstrecken in hohen Hallen oder an Fassaden aufbaut, ähnlich denen eines Klettersteiges. Sitzbrett und Abseilgeräte sind unentbehrliche Arbeitsutensilien. Grundsätzlich arbeitet man redundant, das heißt auf zwei Systemen gesichert. Typische Arbeitsbereiche sind Industrieanlagen, Brücken und Gebäude, die man weder mit Kran noch mit Leiter erreichen kann wie etwa Windräder oder spezielle Stellen an denkmalgeschützten Objekten, aber auch Fotodokumentationen an schwer zugänglichen Gebäudeteilen.

Eine extrem anspruchsvolle Arbeit hatten wir in einer Beizerei in der Obersteiermark. In der Fabrikhalle sollten Dachfenster in 25 Meter Höhe an ein elektronisches System angeschlossen werden. Über die Hallenwand weiter über Rohre und freihängende Betonträger erreichten wir unseren Arbeitsplatz – direkt unter uns war das Beizbecken. Drei Tage waren wir mit den vier Fenstern beschäftigt, mussten wegen der Dämpfe immer mit Schutzanzügen arbeiten. Da schätzt man wieder Jobs in der freien Natur, wie Baumpflege, wo sogenanntes Todholz entfernt wird, damit der Baum wieder richtig wachsen kann. Entscheidende Kriterien in unseren Beruf sind natürlich die Freude an der Höhe, ein gewisser Grad an Coolness, handwerkliches Geschick oder eine technische Ausbildung und sehr viel Gewissenhaftigkeit. Fehlt diese, hat man als Industriekletterer nur eine kurze Lebenserwartung. Wirklich Angst habe ich, wenn andere in meinen Arbeitsbereich nicht sorgfältig genug sind. Deshalb ist es enorm wichtig, dass man seinem Arbeitspartner „blind" vertrauen kann – da muss die Chemie absolut stimmen. Nicht nur die Seiltechnik muss passen, auch jedes Werkzeug sollte bei der Arbeit gesichert sein. Einen Großteil meines Lebens habe ich sozialen Zwecken gewidmet, durch meine Tätigkeiten als Berg- und Flugretter. Bei diesen Arbeiten ist mir immer das Herz aufgegangen.

Mein Traumjob als Industriekletterer wäre einmal ein Transparent am Eiffelturm oder der Grande Arche in Paris anzubringen.

Gehe nicht, gefährlich!
Gehe, nicht gefährlich!

Flugretter
Arno Pichler

Ausschlaggebend für meine Entscheidung, diesen Beruf auszuüben, war ein Verkehrsunfall, zu dem ich zufällig dazukam. Eine bewusstlose Frau lag auf dem Boden, und ich war ratlos, wusste nicht, wie ich reagieren sollte. Meine damaligen Kenntnisse in Erster Hilfe beschränkten sich darauf, die Verletzte in eine stabile Seitenlage zu bringen. Ich spürte, dass mir das zu wenig war.

Das war sozusagen die Initialzündung: 1988 begann ich ehrenamtlich beim Roten Kreuz in Graz und machte die Sanitäterausbildung. Damals war ich im Brotberuf noch als Tischler tätig. Der alpine Bereich, die bergetechnischen Methoden reizten mich – so machte ich vorerst einen Kletterkurs und dann die bergetechnische Ausbildung in der Alpinschule Laserer. Es folgten Fortgeschrittenenkurse, Eiskurs, Eisklettern und Spaltenbergung und schließlich der Einsatzleiterkurs – der höchste Ausbildungsstand bei der Bergrettung. Flugretter war die logische Konsequenz aus meinen bisherigen Ausbildungen. Von 100 Bewerbern schaffte ich es unter die besten 16 für die Ausbildung beim ÖAMTC.

Sehr viel Zeit in meinem Beruf vergeht mit Warten – der Bereitschaftsdienst dauert 14 Stunden. Kommt dann plötzlich ein Notruf, wie zur Bergung eines Bergsteigers aus einer Felswand, geht es fast augenblicklich los. Der Pilot startet die 1400 PS starke Doppelturbine des Christophorus-Notarzthubschraubers und Flugretter und Notarzt sprinten auf das Flugfeld. Am Einsatzort erfolgt vorerst ein Sicherheitsüberflug, wobei entschieden wird, ob eine Seilbergung möglich ist. Dann die Landung auf dem Zwischenladeplatz. Der Hubschrauber wird sozusagen leicht gemacht. Ich hänge das Y-Seil in den Lastenhaken. Der Hubschrauber schwebt schon über Kopfhöhe und hebt sofort ab. Wir fliegen rein auf Sicht. Das erfordert sehr viel Erfahrung des Piloten, der gleichzeitig auch Einsatzleiter ist. Unsere Todfeinde sind Stromleitungen. Selbst 380-kV-Leitungen können nur sehr schwer aus der Luft ausgemacht werden. Die schwierigste Alpinbergung ist die sogenannte Kapernbergung. Das ist die spektakulärste und zugleich risikoreichste Bergetechnik. Laut Flugbuch habe ich von 2001 bis Mai 2009 432 verschiedene Einsätze durchgeführt.

Der Tod gehört zum Leben wie die Geburt. Nicht immer sind alle Einsätze erfolgreich. Schrecklich ist es vor allem, wenn Kinder geborgen werden müssen, oder wenn es Notfälle mit Kindern gibt. Da sind selbst die erfahrensten Notärzte gefordert. Emotionen sind natürlich immer vorhanden, aber während des Einsatzes bleibt keine Zeit dafür. Da bin ich hundprozentig präsent. Massive Eindrücke verarbeite ich in erster Linie mit meinen Berufskollegen. Das sind überwiegend ruhige, geerdete Menschen. Nicht leicht ist es in unserem Beruf, in einer Partnerschaft zu leben. Ich habe das Glück, dass meine Partnerin im medizinischen Akutbereich tätig ist und dadurch mein Berufsumfeld sehr gut kennt.

Die wichtigsten Dinge sieht man mit dem Herzen. Lebensglück ist für mich Herzensglück. Ein Lächeln eines Menschen, eine schöne Bergtour mit Freunden bedeuten mir mehr als Millionen auf dem Bankkonto.

„Respekt vor der Gefahr, aber keine Angst vor dem Risiko"

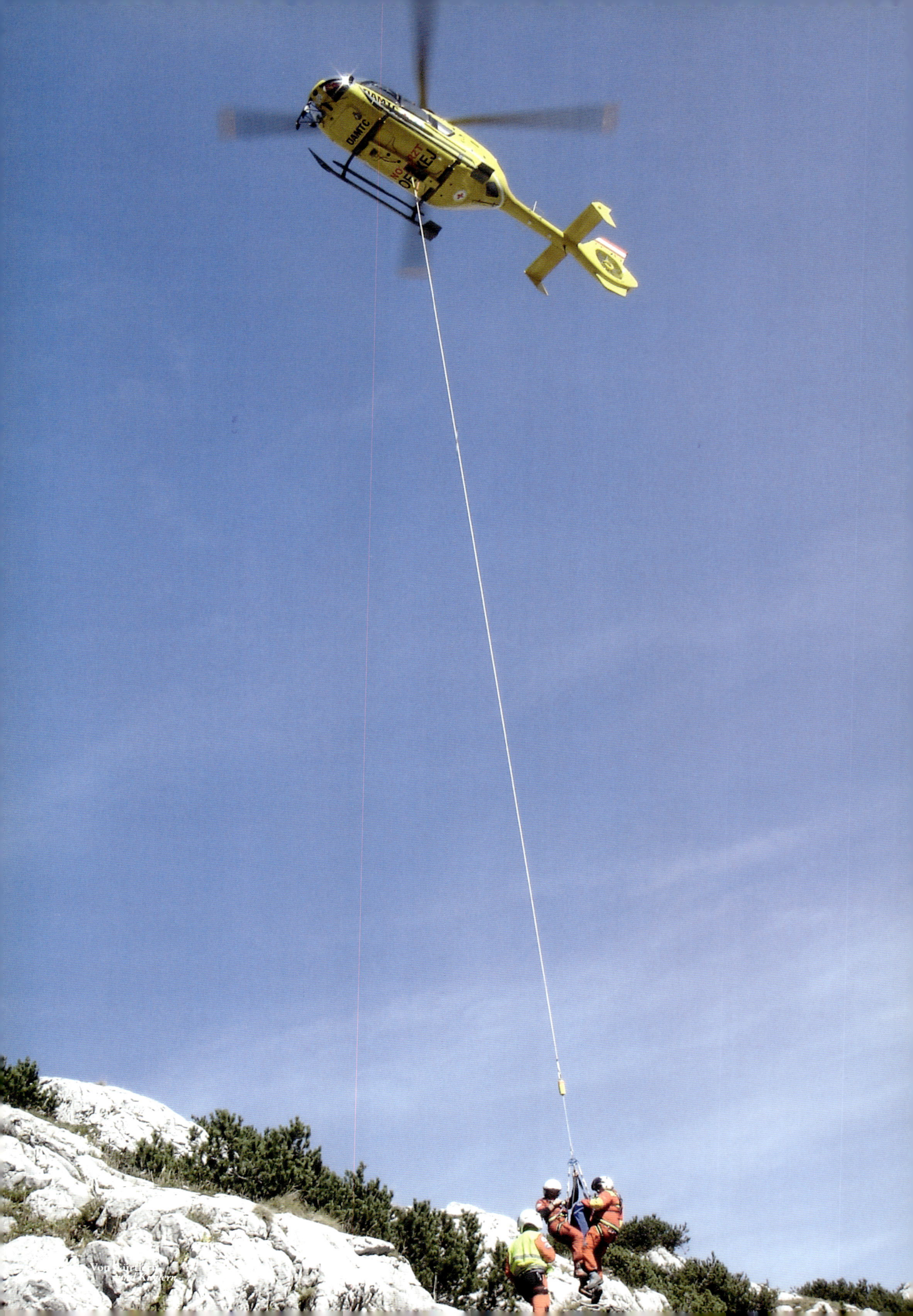

Fotos: Arno Pichler

Chirurgin
Univ. Prof. Dr. *Freyja Smolle-Jüttner*

Jedes Leben hat für mich den höchsten Stellenwert!
Schon in der Kindheit hatte ich den Wunsch, medizinisch tätig zu werden – aber nicht in nur in der Diagnostik – ich wollte Hand anlegen am Menschen. Nach der Matura begann ich das Medizinstudium, und schon während der Studentenzeit wurde mir klar, dass mich die Chirurgie am meisten faszinierte. Die Vorlesung meines späteren Lehrers Prof. Dr. Gerhard Friehs zum Spezialthema Thorax- und hyperbare Chirurgie (chirurgische Eingriffe in der Druckkammer) hat mich letztlich für dieses Fachgebiet so begeistert, dass ich es nach dem Studium in Angriff nahm.

Die historisch nachvollziehbaren Ursprünge der Chirurgie reichen in die Zeit der alten Ägypter zurück. Damals wurden schon erfolgreiche Craniotomien durchgeführt (gegen starke Kopfschmerzen wurden Löcher in den Schädel gestemmt). Berichte von thoraxchirurgischen Eingriffen kennen wir auch aus dem alten Griechenland, wo sie vor allem bei der Verarztung von Pfeilverletzungen oder Verletzungen mit Hieb- und Stichwaffen zum Einsatz kamen. Im Mittelalter zählten die Chirurgen dagegen zu den Handwerkern und waren gesellschaftlich wenig geachtet (noch heute wird in Großbritannien der Chirurg mit Mr. und alle anderen Ärzte mit Doktor angeredet). Chirurgie war eben mit extremem Schmerz verbunden, und das Verhältnis zwischen Chirurgen und Patienten entsprach lange Zeit einer Art heroischer Schicksalsgemeinschaft. Erst ab dem Zeitpunkt, wo die Anästhesie zur Routinetechnik wurde, konnte sich auch die Chirurgie zu einer diffizilen Kunst entwickeln.

Mein Spezialgebiet Thoraxchirurgie umfasst die chirurgische Behandlung aller Organe im oder am Thorax (Brustkorb) mit Ausnahme des Herzens. Das zweite Gebiet, die hyperbare Chirurgie, ist ein von der Thoraxchirurgie komplett unabhängiges Fach. Operiert wird dabei unter erhöhtem Umgebungsdruck in der Druckkammer, einer U-Bootähnlichen Röhre, die man über Schleusen betritt. Schwerste, zu Gewebsuntergang führende Weichteilinfekte wie z. B. Gasbrand oder Verbrennungen werden in der Druckkammer operiert. Aber auch viele andere Krankheitsbilder werden konservativ, d. h. ohne Operation in der Druckkammer behandelt. Fast jeder Chirurg hat große Angst, wenn er selbst operiert werden soll. Die Chirurgen sind in gewisser Weise die ärmsten chirurgischen Patienten, denn durch ihr Fachwissen wissen sie auch genau über mögliche Komplikationen Bescheid und beobachten sich selbst dahingehend.

Es ist wichtig, das eigene Tun immer wieder nüchtern und wissenschaftlich zu analysieren, um zu verhindern, dass man sich selbst auf den Leim geht. Gerade wenn man von einer Methode überzeugt ist, neigt man nämlich dazu, positive Resultate überzubewerten und negative zu vergessen. Letztlich kann dadurch ein unkritisches, für den Patienten gefährliches Handeln entstehen. Ergebnisanalyse und Reflexion sind daher auch der zentrale Punkt in der Forschung. Ohne wissenschaftliche Forschung gibt es daher in der Medizin keine wirklichen Fortschritte. Meine eigenen Projekte betreffen sowohl klinische Forschung, experimentelle Chirurgie als auch Grundlagenforschung im Labor.

Mein größter Wunsch, meine Vision, wäre ein wissenschaftlicher Durchbruch bei der Therapie der bösartigen Tumoren, den Prozess des Tumorwachstums ohne Belastung für den Patienten zu stoppen und das Rad des Tumorwachstums sozusagen zurückzudrehen.

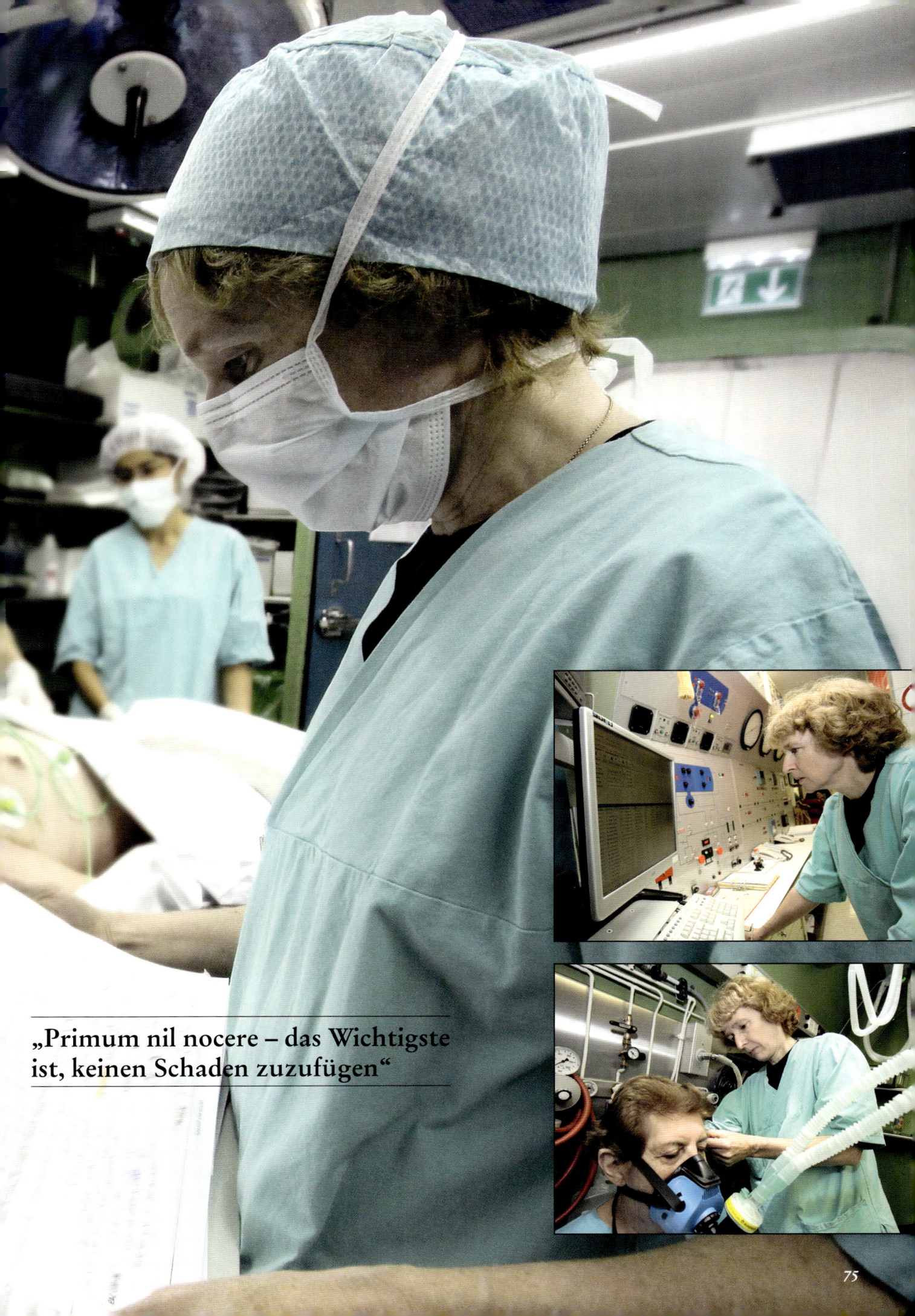

„Primum nil nocere – das Wichtigste ist, keinen Schaden zuzufügen"

Logopädin
Mag. log. *Lilla Sadowski*

Es war der 23. Dezember 1981, als ich in Graz ankam. Auf dem Rücksitz meines polnischen Fiats saß Paulina, meine zweijährige Tochter. Es herrschte eisige Kälte und es war schon fast Mitternacht. Wir wussten nicht wohin, kannten niemanden, als wir plötzlich vor einem Kloster standen. Ich klopfte an das Tor.

Der Prior sprach Russisch, trank mit mir ein Glas Wodka und sagte später: Wie die Gottesmutter auf Herbergssuche sei ich ihm an diesem Abend erschienen. Wir konnten bis Neujahr im Kloster bleiben und Pater Richard, ein Landsmann, half uns, wo er nur konnte. In Polen war damals Kriegszustand und General Jaruzelski an der Macht. Nach einigen Monaten in Österreich erfuhr ich, dass ich ausgebürgert worden war. Als Kind wollte ich singen lernen, doch ich stotterte und mein damaliger Lehrer meinte, ich könne nur für Gehörlose singen. Das hat mich so geprägt, dass ich nach der Schule nach Möglichkeiten suchte, mit Gehörlosen beziehungsweise mit Stotterern zu arbeiten. Vorerst begann ich Medizin zu studieren. Dann erfuhr ich, dass in Lublin erstmals in Europa das Studium der Psychologie mit Fachrichtung Logopädie angeboten wurde. Ich begann das Studium an der katholischen Universität, an der auch der spätere Papst Johannes Paul II. als Professor unterrichtete, und wechselte später an die staatliche Maria-Curie-Skłodowska-Universität. 1979 machte ich mein Diplom zum Thema Entwicklungspsychologie der Stimme. Es existiert eine tiefe Verbindung von Psyche und Stimme. Die Stimme ist ein Spiegel der Seele. Die Dissonanzen zwischen Körper und Psyche zeigen sich sofort im Klang der Stimme. Kindheitstraumen, Kränkungen und Angstzustände führen oft zu inneren Spannungen, die sich dann in der Sprache ausdrücken. Die Angst vor dem Sprechen wiederholt sich, wird schließlich zur Neurose. Daher ist es Teil der Therapie, das Gleichgewicht im Körper wiederherzustellen.

Mein Spezialgebiet ist die Recurrenspares (die einseitige und doppelte Stimmbandlähmung). Dazu gibt es eine Geschichte: In der ersten Zeit in Graz nahm ich verschiedenste Arbeiten an, um für das Nötigste zu sorgen. Wir wohnten bei Dr. Friedrich Pfohl im Keller seiner Villa, und seine Schwester hat uns Deutsch gelehrt. Über Pater Richard erfuhr ich, dass die Hals-Nasen-Ohrenklinik am Universitätsklinikum Graz eine Spezialistin für Stimmbandlähmung suchte. Der damalige Vorstand Prof. Dr. Messerklinger meinte, wenn ich es in zwei Wochen schaffte, eine Patientin mit doppelter Stimmbandlähmung zu heilen, bekäme ich die Anstellung. Dr. Möltzner, der ehemalige Chef der Phoniatrie bestärkte mich: „Lilla, du schaffst es!" Es war wie eine Eingebung. Plötzlich sind mir Ideen gekommen, die in keinem Lehrbuch standen und statt zwei Wochen konnte ich 22 Jahre am Universitätsklinikum Graz arbeiten. Damals wurde mir bewusst: Wenn man in Not ist, dann kommt auch Hilfe. Später erarbeitete ich mir auch an der Universitätsklinik für Psychiatrie einen guten Ruf. Ich behandelte Patienten mit zum Teil sehr schweren Depressionen. Dabei entwickelte ich eine spezielle Therapie für psychiatrische Patienten, die „Atem-Stimme-Stimmung" heißt, und ich erfand auch ein Gerät namens „Sensotherm", das patentiert wurde.

Als ich Papst Johannes Paul II. bei einer Audienz in Rom traf, konnte er sich noch an mich und die Zeit in Lublin erinnern und wir kamen ins Gespräch. Einige Zeit danach meldete sich sein Sekretär und erklärte mir, dass der Papst meine Hilfe brauche. Bis drei Jahre vor seinem Tod reiste ich mehrmals zu Behandlungsterminen in den Vatikan oder gab per Telefon logopädische Ratschläge an den heiligen Vater. Allen, die mir geholfen haben, hier Fuß zu fassen und eine Existenz aufzubauen, möchte ich herzlich danken. Vor allem Dr. Maria Pozezanac und ihrem Mann, die meine Tochter Paulina praktisch großgezogen haben. Inzwischen ist meine Tochter 30 Jahre alt, und ich bin sehr stolz auf sie.

„Wenn andere sagen, das ist hoffnungslos, werde ich aktiv"

Schmerztherapeut
Prim. Dr. *Josef Neuhold*

Facettengelenksdenervierung – Die Facettengelenke sind Gelenke, die jeweils zwei Wirbelkörper miteinander verbinden. Normalerweise tragen sie bei intakter Wirbelsäule 20 % des Gewichtes, der Rest ruht auf der Bandscheibe. Wenn Bandscheibenschäden oder Wirbelsäulenverkrümmungen auftreten, ändert sich die Gewichtsverteilung und somit die Belastung dieser kleinen Gelenke. Sie reagieren darauf mit Knochenumbau, Randzackenbildung, Abbau des Gelenksknorpels und Gelenkspaltverminderung, wodurch ein Sandpapiereffekt entsteht. Die Gelenksflächen reiben aneinander und blockieren gewisse Bewegungen. Auch in dieser Art lässt sich Schmerz beschreiben, lässt sich erahnen, welchen kausalen Zusammenhängen der Schmerz gehorcht oder wo er seine Ursprünge hat. Dennoch bleibt manchmal der tatsächliche Ursprung hinter dem klinischen Erscheinungsbild verborgen – führt sozusagen ein Eigenleben im Hintergrund und beeinflusst dennoch massiv die Lebensqualität der Patienten.*

Chronische Schmerzen wurden lange vernachlässigt, erst in letzter Zeit gewinnt dieses Thema an Bedeutung. Schätzungsweise 200.000 Personen sind in Österreich davon betroffen, nicht ernst genommen, oft allein gelassen, von einer Stelle an die andere verwiesen. Schmerzbehandlung verlangt a priori große Aufklärungsarbeit. Akuter Schmerz ist ein Warnzeichen. Schon nach sechs Wochen werden die Schmerzen chronisch, d. h. die Schmerzen bleiben bestehen, unabhängig von den klinischen Ursachen, bedingt durch das Schmerzgedächtnis. Ernste Lebenskrisen sind oft die Folge: Isolation, Angst, Depression – eine negative Spirale wird in Gang gesetzt, die oft bis zum Suizid führen kann. Es darf nicht sein, dass Ärzte zu Schmerzpatienten sagen: Damit müssen Sie leben. Mein Ziel ist, dass der Patient sagt: Ich kann damit leben! Schon während meines Medizinstudiums habe ich mich nicht damit abfinden können, dass man Schmerzpatienten nicht entsprechend helfen konnte.

1999 entstand als erste Einrichtung dieser Art in der Steiermark die Schmerzambulanz im Krankenhaus der Elisabethinen in Graz. Mittlerweile betreuen wir etwa 6000 Patienten im Jahr. Vor zwei Jahren wurde auch ein Europäisches Trainingszentrum für invasive Schmerztherapie ins Leben gerufen. Wir arbeiten an der Klinik mit mannigfaltigen Methoden der Schmerzbekämpfung, die in konservative und invasive Therapieformen unterschieden werden. Zu den konservativen zählen etwa die Akupunktur, die Infusionstherapie, Biofeedback, diverse Entspannungstechniken, Cranio-sacral-Therapien oder Skenar-Therapien sowie medikamentöse Therapien nach dem Schema der WHO. Invasive und mikroinvasive Therapieformen erfordern, wie der Name schon sagt, chirurgische Eingriffe am Körper. Hier arbeiten wir vor allem im Bereich der Triggerpunktinfiltration, der Neuraltherapie, dem Legen eines Epiduralkatheters mit temporärer PCA-Pumpe, der Thermokoagulation sowie Radiofrequenztherapien und gepulste Radiofrequenztherapien an Nerven. 60 bis 70 % der Patienten lassen sich so beeinflussen, dass sie wieder schmerzfrei sind.

Meine Vision wäre eine Schmerzklinik mit allen dazugehörigen Einrichtungen. Zum Glück plagen mich selbst keine Schmerzen. Doch man braucht eine gute Konstitution, psychische Stabilität und muss belastbar sein, um den harten klinischen Alltag durchzustehen. Sport hilft mir dabei. Wirkliche Kraft gibt jedoch das Feedback jener Patienten, denen man helfen konnte, schmerzfrei zu werden.

„Jeder Tag, der für mich ohne Schmerzen beginnt, ist ein gewonnener Tag"

Hebamme Monika Felber

Der Weg zum Geburtshaus führt einen gleichsam verwunschenen Garten und durch Rosenbögen hindurch. Im Hintergrund die Waldkulisse des Plabutsch. Eine liebevoll ausgestattete Villa, heimelige Zimmer für Mutter und Kind, lauschige Kachelofenplätze und im Esszimmer eine aus Holz geschnitzte Mutter mit Kind. Vor dem Kreisraum ein Schild: Empfangszimmer für Babys.

Einmal sagte das sechsjährige Kind einer Besucherin, als es sich hier umsah: Das ist also der Beginn der Welt. Das hat mich damals sehr berührt. Seit 40 Jahren bin ich Hebamme. Ich stamme aus dem oberösterreichischen Almtal. Meine Ausbildung habe ich in Salzburg gemacht. Später war ich acht Jahre in Gmunden, dann zehn Jahre im LKH Graz und im Sanatorium Hansa tätig. Schon als Kind habe ich mich für Hebammen interessiert, das hatte für mich so etwas Geheimnisvolles. In fast jedem Dorf meiner Heimat war damals eine Hebamme ansässig. Als ich selbst meine Tochter zur Welt brachte, war ich mit meiner Hebamme ganz allein. Wir hatten kein Telefon und der nächste Arzt war 20 km entfernt. Ich hatte das Grundvertrauen, dass sowieso alles klappen würde.

Ich habe mich im Grunde immer vor Krankenhäusern gefürchtet, ebenso vor Spritzen oder davor, aufgeschnitten zu werden. Daher war auch ich in meinem Beruf nie ganz glücklich. Der klinische Alltag forderte seinen Tribut. Doch ich las in dieser Zeit vieles an einschlägiger Literatur und suchte meinen eigenen Weg. Er führte mich zur ganzheitlichen Geburtsbetreuung. Ich wollte einen Ort schaffen, an dem Mutter und Kind nicht getrennt werden, was in den achtziger Jahren in den Krankenhäusern noch gängige Praxis war. So mietete ich 1987 ein kleines Haus in Mariatrost und suchte um Niederlassung für ein Entbindungshaus an. Daneben war ich jedoch noch weiterhin im Sanatorium Hansa freiberuflich tätig. Schon nach drei Jahren kaufte ich diese Villa in Gösting. Es bestehen in ganz Österreich nur mehr drei Geburtshäuser, in der Steiermark gibt es nur mehr meines. Mein Beruf ist gleichzeitig meine Kraftquelle. Während meiner gesamten Hebammenzeit hatte ich etwa 5500 Geburten, und jährlich helfe ich 80 bis 100 Kindern beim Eintritt in die Welt. Frauen haben bei mir die Freiheit, selbst zu bestimmen, wie sie sich ihre Geburt wünschen. Ich halte regelmäßig Informationsabende ab, um die werdenden Mütter mit dem bevorstehenden Ereignis anzufreunden. Geburtserleichternde Maßnahmen werden besprochen und ich biete auch eine gezielte Vorbetreuung an. Auch mit dem Eltern-Kind-Zentrum arbeite ich zusammen. Viele Frauen haben Angst vor dem Gebären und vor den Schmerzen und entscheiden sich oft vorschnell für den Kaiserschnitt. Das ist derzeit sehr im Trend! Für die Neugeborenen aber ist ein Kaiserschnitt wie ein Verkehrsunfall. Es wird den Kindern die Möglichkeit genommen, sich selbst ins Leben zu kämpfen. Meiner Meinung nach hat jedes Kind ein Recht auf Tag und Stunde seiner Geburt. Geborenwerden heißt doch auch, den Lebenswillen des Kindes zu stärken. Im späteren Leben zeigt es sich dann oft, das Kinder, die natürlich geboren wurden mit Krisen viel besser umgehen können.

Geburt ist wie ein Spiegel des Lebens. Wenn mir Menschen von ihren Problemen erzählen, weiß ich meist, wie sie geboren wurden. Geburt ist aber auch wie ein Fest! Es ist auch faszinierend zu sehen, dass die grundlegenden Charaktereigenschaften des kleinen Menschen bereits bei einem Neugeborenen schon sichtbar, hörbar und spürbar sind. Zu mir kommen Menschen aus allen sozialen Schichten, aber allen ist gemein, dass die Kinder erwünscht und willkommen sind. Daher sind auch fast immer die Väter oder Vertrauenspersonen bei der Geburt dabei.

Bei einer Geburt ist für mich das wachsame Begleiten grundlegend, und nur dann wird eingegriffen, wenn es die Situation erfordert. Ich vertraue auf Homöopathie, Stimulierung der Akupunkturpunkte und ganzheitliche Unterstützung. Wehenmittel werden nur in allerletzter Konsequenz eingesetzt.

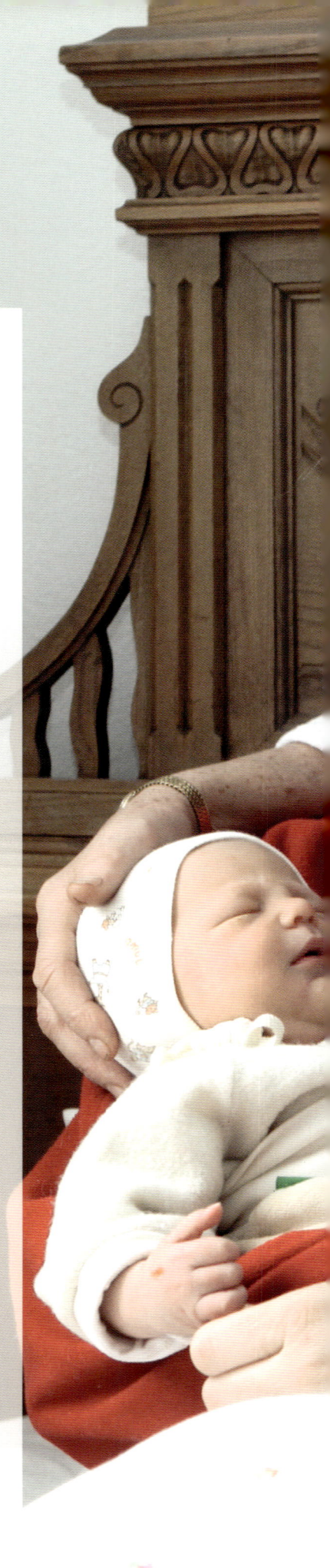

„Ich lebe zu meiner Freude und zur Freude der Menschen, die zu mir kommen. Bis zuletzt möchte ich so leben!"

Familien- und Pflegehelferin
Kerstin Schloffer

Mein allererster Berufswunsch war, Säuglingskrankenschwester zu werden, doch es gab damals einfach zu viele Bewerberinnen und ich wurde nicht aufgenommen. Durch eine Freundin bin ich dann auf den Altenpflegeberuf aufmerksam geworden. Bis zu diesem Zeitpunkt konnte ich mir nicht vorstellen, einmal in einem Pflegeheim zu arbeiten, denn ich hatte noch keinerlei Erfahrungen mit Alter und Tod. Mitfühlend zu bleiben und sich dennoch abzugrenzen, war ein sehr schwieriger Lernprozess. Jetzt bin ich bereits seit fünf Jahren als Pflegehelferin in einem Grazer Heim beschäftigt. Ich bin ein sehr harmoniebedürftiger Mensch im Beruf wie auch im Privatleben und habe durch meine Gutgläubigkeit schon manche Rückschläge erleben müssen. Manchmal hatte ich fast das Vertrauen in die Menschen verloren und mich mehr und mehr zurückgezogen.

Meine Kindheit war sehr schön, denn ich bin als Einzelkind in einem großen Familienverband aufgewachsen. Oma, Opa, Tante, Onkel und Cousinen wohnten unter einem Dach. In der Nachbarschaft waren fast nur Buben, die sehr gerne Fußball spielten. So wurde Fußballspielen auch zu meiner Lieblingsbeschäftigung. Bald schon war ich bei den Buben akzeptiert. Aus dieser Zeit stammen Freundschaften, die bis heute gehalten haben. Mein Vater ist seit 1989 freiwilliger Rettungsfahrer. Das hat mich sehr geprägt und daraus entstand wohl auch die Idee, einmal in einem Sozialberuf zu arbeiten.

Was meine beruflichen Fähigkeiten betrifft, war ich lange Zeit sehr verunsichert. Ich musste erst lernen, mich im harten, stressigen Alltag eines Pflegeheimes zu behaupten. Dienstbeginn des Frühdienstes ist um 6 Uhr. Nach der Dienstübergabe beginnt die eigentliche Arbeit. Unsere Bewohner werden individuell betreut, das bedeutet, die persönlichen Wünsche so weit als möglich zu berücksichtigen. Viele der Bewohner leiden an Demenz und auch an Inkontinenz. Das heißt, dass jeder Handgriff immer wieder erklärt werden muss. Unmobile Personen müssen aus dem Bett in den Rollstuhl transferiert werden. Die Pflege dieser Personen ist recht anstrengend und zeitaufwändig.

Alte Menschen sind leider in unserer Gesellschaft nicht so angesehen, wie sie es verdienen würden. Gesund zu altern ist für mich sehr wichtig und auch, mich geistig und körperlich fit zu halten. Im Grunde versuche ich, die Probleme meines Berufes nicht mit nach Hause zu nehmen. Aber das funktioniert nicht immer, denn zu manchen Heimbewohnern baut man persönliche Beziehungen auf.

Stationsschwester zu werden und die Matura nachzumachen, das sind meine beruflichen Visionen. Als mich unsere Stationsschwester ermunterte, die berufsbegleitende Diplomausbildung für Gesundheits- und Krankenschwestern zu beginnen, war das einer der schönsten Tage in meinem Leben. Ich war erst einmal in meinem Leben auf Urlaub und zwar in Jesolo. Im Moment bin ich am liebsten zu Hause, lese gerne und pflege meine Freundschaften.

„Man sieht nur mit dem Herzen gut"

Verfahrenstechnikerin
DI Dr. *Heike Frühwirth*

Immer schon wollte ich Naturphänomenen auf den Grund gehen und verstehen, wie Dinge funktionieren. Ich bin in Graz, im Bezirk Geidorf, aufgewachsen, die Wiese vor der Haustüre war mein erstes Experimentierfeld. Ich habe schon als Kind genau beobachtet, wie sich Pflanzen verhalten, viele gesammelt und getrocknet. Dass ich einmal an einem zukunftweisenden Projekt forschen würde, hätte ich mir damals nicht träumen lassen. Später habe ich ein neusprachliches Gymnasium besucht. Wir waren fast eine reine Mädchenklasse. Beim Studium hat sich dann das Geschlechterverhältnis komplett gewandelt. 1990, als ich mit dem Technikstudium begann, waren von 80 Studierenden nur zwei Frauen. Gut erinnere ich mich noch an Prof. Matthäus Siebenhofer – ein großartiger, blitzgescheiter Mensch, der mich am Ende des Studiums bestärkte, in die wissenschaftliche Forschung zu gehen, denn Verfahrenstechnikerinnen würden weltweit gesucht.

Mich faszinieren Frauen, die es schaffen, Beruf und Familie so zu managen, dass niemand zu kurz kommt. Für uns war das nicht immer einfach. Ich war studierende Mutter von zwei Kindern und habe daneben auch gearbeitet. Auch mein Mann studierte und war berufstätig. Ohne konsequente Zielorientierung wäre das alles nicht zu schaffen gewesen. Vom Typus bin ich eher kopflastig, gut strukturiert aber auch ein wenig pragmatisch. Ich bewundere Menschen, die intuitiv sind, sich auf ihr Bauchgefühl verlassen. So gesehen ergänze ich mich mit meinem Mann, der ein unglaublich kreativer Mensch ist, sehr gut.

Seit 2006 bin ich für die BDI, Bio Diesel International, im Technologiepark Grambach tätig. Das Unternehmen hat sich darauf spezialisiert, aus erneuerbaren Energien Biotreibstoffe herzustellen. Ich leite die Forschungsabteilung im Algenbereich. Die Vorgehensweise im Algenprojekt kann man grundsätzlich als Beispiel für jedes verfahrenstechnische Problem sehen. Denn Verfahrenstechnik ist jene Wissenschaft, die sich mit Stoffumwandlung durch mechanische, thermische oder chemische Prozesse befasst. Wir bringen CO_2, Nährstoffe und Licht ein und erhalten aus den Algen im Gegenzug Lipide (Fette). Diese Biomasse wird geerntet und in weiterer Folge zu Biodiesel verarbeitet. Wissenschaftler und Techniker arbeiten dabei eng zusammen. In unserem Forschungsschwerpunkt ist es zuerst der biotechnische Teil – dazu gehört die Algenkultivierung. Wir entwickeln geeignete Reaktoren, worin die Algen wachsen – dazu brauchen wir Apparatebauer. Die Daten müssen ausgewertet werden – das übernehmen Mess- und Regeltechniker und chemische Analytiker. Ich koordiniere diesen Gesamtprozess im Team.

Unser Ziel ist es, einen Prozess zu finden, Algen so kostengünstig zu kultivieren, dass sie auch für größere energetische Nutzungen einsetzbar sind. Weltweit hat das bis dato noch niemand geschafft. Meine berufliche Vision ist die Umsetzung meiner Forschungstätigkeit in einer industriellen Anlage, welche Biodiesel aus Algen effizient herstellt. Das wäre eine wissenschaftliche Sensation!

In mein Privatleben eine gewisse Leichtigkeit zu bringen, ist mir sehr wichtig. Ein geruhsamer, entspannender Nachmittag mit meiner Familie – das hat für mich Substanz und unglaubliche Fülle.

„Sobald ich eine Vision habe, wird sofort ein Plan gefasst"

Astrophysiker
Univ.-Prof. Dr. *Arnold Hanslmeier*

Wir alle bestehen im Grunde aus Sternenstaub, aus der Asche von Supernovae. Bei der Entstehung des Universums, vor 13,5 Milliarden Jahren, existierten ursprünglich nur zwei Elemente: Wasserstoff und Helium. Alle weiteren Elemente entstanden in weiterer Folge durch Kernfusion im Inneren der Sterne. Auch Kohlenstoff und Sauerstoff sind irgendwann in den Sternen entstanden.

Comic-Hefte aus meiner frühen Jugend haben mich zu meinen jetzigen Beruf hingeführt. Mit Begeisterung las ich damals von den verschiedenen Planeten des Sonnensystems. Im Lexikon fand ich mehr Informationen zu diesen Themen. Zu Weihnachten wünschte ich mir als 8-Jähriger einen Feldstecher, merkte aber schnell, dass ich damit nicht weit kam. So baute ich mir eben selbst, mit einfachen Mitteln, ein eigenes Fernrohr. Die Astrophysik ist die einzige Wissenschaft, wo man mit den beobachteten Objekten nicht direkt experimentieren kann. Es lässt sich nur passiv beobachten. Alle Informationen erhalten wir über das ausgesendete Licht der Himmelskörper. Entfernungen, Temperaturen, Massen und Strahlungen lassen sich daraus ableiten.

Als einer der ganz wenigen Astrophysiker besitze ich auch eine kleine Privatsternwarte. Viele in unserem Fach arbeiten leider nur auf rein theoretischer Ebene. Mit meinem 50-cm-Spiegelteleskop und angeschlossener CCD-Kamera, lassen sich Objekte erfassen, die acht oder auch mehr Milliarden Lichtjahre entfernt sind. Wir blicken quasi acht Milliarden Jahre in die Vergangenheit. Zu dieser Zeit gab es unser eigenes Sonnensystem noch gar nicht. Dadurch erlangt man eine gewisse Ehrfurcht und Bescheidenheit. Man merkt, wie unwichtig im Grunde viele Dinge sind, die wir tagtäglich für sehr wichtig halten. Das ist vielleicht auch die Hauptbotschaft der Astronomie. Meine wissenschaftlichen Spezialgebiete sind zum einen die Sonnenphysik, wobei wir unter anderem untersuchen, welche Einflüsse die Sonne auf die Erde in Bezug auf Wetter und Klima ausübt, und die Erforschung von extrasolaren Planeten. Nachweisbar sind extrasolare Planeten durch die Auswertung von Lichtkurven, die ein bestimmter Stern aussendet. Wenn ein Planet an einem solchen Stern vorbeizieht, ändert sich dadurch auch in kleinsten Teilen die Helligkeit, die dieser Stern abstrahlt. Bis jetzt hat man jedoch nur sehr große Planeten mit einer sehr nahen Sternenumlaufbahn entdeckt. In naher Zukunft wird es möglich sein, Biomarker (Sauerstoff, Ozon oder Methan) im Strahlungsspektrum des ausgesendeten Lichtes nachzuweisen und damit den Hinweis auf mögliches Leben außerhalb unseres Sonnensystems.

Möglicherweise gibt es sehr viele bewohnbare Planeten in unserer Galaxie oder in anderen Galaxien. Es müssen jedoch viele Faktoren zusammenspielen, damit höheres Leben entstehen kann. Ein Beispiel ist unser Mond. Würde er fehlen, wäre die Erdachse sehr unstabil und damit auch das Klima lebensfeindlich. Oder Jupiter, der wie eine Art Staubsauger Asteroiden und Kometen abhält, ins Innere des Sonnensystems zu gelangen.

Nicht alle Phänomene lassen sich im Universum restlos erklären und berechnen, viele liegen sozusagen außerhalb unserer Erfahrungswelt. Große Physiker, wie der Nobelpreisträger Werner Heisenberg, haben auch tiefe philosophische Abhandlungen geschrieben, etwa das Buch: „Der Teil und das Ganze". Die Einheit von Mensch und Kosmos findet sich ja auch dahingehend bestätigt, dass wir eben aus Sternenstaub bestehen.

„Es gibt selten einen Nachteil, wo nicht auch ein Vorteil darin steckt"

Yogalehrerin
Ingrid Swort

Immer diese Hektik, immer dieses Funktionieren-Müssen. Diesen Wohlstandszwängen entgegenzuwirken, empfinde ich als inneren Auftrag. *Ingrid, im regenbogenfarbigen Pullover gießt Yogitee in eine Schale und kredenzt Vollkornkekse. Im Haus wohlige Wärme, der Geruch von altem Holz und Gewürzen beruhigt, führt zur Mitte und damit zum zentralen Thema des Yoga, der Atmung:* Atmung ist die Verbindung von Körper und Geist und gleichzeitig auch Brücke zum Alltag. Besonders das bewusste Ausatmen, was symbolisch dem Loslassen entspricht, ist sehr wichtig. Loslassen ist das weibliche Prinzip. Einatmen entspricht dem männlichen Prinzip – dem Nehmen.

Ingrid weiß, wovon sie spricht. Schon mit 16 Jahren kaufte sie ihr erstes Yogabuch. Damals stand jedoch noch das „Yogaleistungsdenken" im Vordergrund, also Yoga als Sportart oder sogar als Leistungssport zu sehen und zu praktizieren.

Als sogenanntes „Sandwichkind" (das zweite von drei Kindern) war für mich immer die treibende Kraft, Aufmerksamkeit von den Eltern zu erlangen. Das habe ich durch gutes Lernen erreicht. Yoga existierte damals noch nicht wirklich für mich. Schließlich habe ich den Traum meiner Mutter erfüllt, und bin Lehrerin geworden. Doch bald merkte ich, dass etwas in mir nicht stimmig war. Ich habe gespürt, dass ich den Kindern mit dem Unterricht nicht wirklich helfen konnte. Viele von ihnen hatten Probleme, die kaum etwas mit der Schule zu tun hatten. Es wäre wichtig gewesen, auf die Kinder einzugehen, doch das war im Schulalltag nur sehr schwer möglich. Diese Hilflosigkeit bereitete mir schreckliches Kopfweh und chronische Nacken- und Schulterschmerzen. Diese Beschwerden gaben schließlich den Ausschlag, dass ich das Zusammenspiel von Körper und Seele erkannte und entdeckte, dass viele Leiden psychosomatisch bedingt waren. Als ich begann, regelmäßig Yoga auszuüben und schließlich auch meine Lehrerstelle kündigte, verschwanden meine Beschwerden.

Nach 13 Jahren als Pflichtschullehrerin betrat ich Neuland und begann eine Yogalehrausbildung, begleitend dazu eine Bachblütenausbildung und eine Schulung in astrologischer Psychologie. Mit großem Herzklopfen schrieb ich dann meinen ersten eigenen Kurs in meiner Heimatgemeinde Kumberg aus. Entgegen meinen Befürchtungen wurde er gleich gut angenommen.

Heute ist es die eigene Rückbesinnung, das Erwecken des göttlichen Wesens in mir selbst, das mir Kraft gibt. Energien werden durch die tägliche Yogapraxis aufgebaut. Tiefenentspannung, der unbeschreiblich schöne Zustand der Schwerelosigkeit, ermöglicht das Loslassen von negativen Gedanken und Gefühlen und offenbart für mich, dass auch der Tod nicht wirklich etwas Bedrohliches darstellt.

„Hindernisse bereiten den Weg, um mehr und mehr Leichtigkeit zu leben"

Pferdewirtin
Christina Pötsch

Wöllmerdorf, ein kleines Dorf nahe der Wallfahrtskirche Maria Buch bei Weißkirchen. Neben dem Pferdestall liegt das Wohnhaus und ringsum sind Koppeln angelegt. Kletterrosen ranken sich an der Wand des alten Stalls empor. Pferdegeruch an allen Ecken und Enden und jede Menge Haustiere. Beim Eintreten springen mir zwei Hunde entgegen, zwei Katzen schnurren um die Wette, Hasen kuscheln sich in ihrem Stall und einige Pferde schauen neugierig aus ihren Boxen. An jeder Pferdebox hängt ein Holzschild mit dem Namen des jeweiligen Pferdes. Es wird gerade ausgemistet, und Christina kommt mir lachend entgegen.

Pferdewirtin bedeutet, mit allem rund ums Pferd vertraut zu sein. Ausmisten, füttern, reiten, Pflege, Zucht – ein wirklicher Fulltimejob! Wenn Zeit bleibt, bekommen die Pferde sogar Shiatsu Massagen. Ich bin jetzt 24 Jahre alt, habe aber bereits im Kindergarten gewusst, dass ich Reitlehrerin werden möchte. Ab meinem zweiten Lebensjahr bin ich auf Pferden gesessen. Schon als Kleinkind haben mir meine Eltern Reitstunden ermöglicht. Dafür bin ich ihnen noch heute dankbar.

Prägend für meine spätere Berufsentscheidung war für mich ein Ereignis: Ich saß auf dem Pferd und hatte bereits den langen Zügel in der Hand. Noch bevor das Pferd den Schritt ansetzte, habe ich schon an den Muskelbewegungen gespürt, dass es losgehen möchte, und ich habe durchpariert. Damals war mir klar, dass ich aus Pferden sehr viel herausspüren kann. 2000 bis 2004 machte ich die Ausbildung zur Pferdewirtschaftsfacharbeiterin. Danach arbeitete ich auf dem Reiterhof in Wöllmerdorf und schließlich pachtete ich den Betrieb. Jetzt mache ich die Ausbildung zur Pferdewirtschaftsmeisterin. Es ist kein leichter Beruf, im Grunde kein Mädchenberuf. Zum Glück hilft mir mein Freund bei den schweren Arbeiten. Kraft, Energie und Freude holen wir uns durch die Pferde.

Ich habe derzeit 20 Pferde, wobei fünf uns gehören, die restlichen sind Einstellerpferde. Kürzlich kam ein Fohlen dazu. Es kommen meist ruhige Menschen zu mir, die alle die Liebe zu den Pferden teilen. Bei der Arbeit ist eine korrekte, strenge Hand notwendig, doch das Lob muss bei den Pferden überwiegen.

Winter- und Sommerarbeit unterscheiden sich grundlegend: Im Winter ist um 8 Uhr Stallbeginn, zwei Stunden Fütterung, dann wird ausgemistet. Danach kommen die Pferde auf die Koppel. Dazwischen bleibt Zeit für die Arbeit auf dem Hof. Um 16 Uhr kommen die Tiere wieder in den Stall, hinterher wird nachgemistet, gefüttert und um 22 Uhr mache ich die letzte Stallrunde. Im Sommer geht es schon zwischen 4 und 5 Uhr früh los, die Pferde kommen auf die Koppel, es wird ausgemistet, je nach Hitze geht es ca. um 11 Uhr wieder zurück in den Stall. Zwischen 15 und 16 Uhr dann nochmals auf die Koppel, um 20 Uhr in den Stall und dann wird eingefüttert. Im Grunde ist es ein 24-Stunden-Job. Denn oft beschäftigt mich noch spät am Abend ein Ereignis des Tages. Es gehört eine besondere Liebe zu diesem Beruf. Hier auf dem Hof fühle ich mich sehr wohl und sicher. Entspannung suche ich beim Ausreiten in der freien Natur. Mein Lieblingspferd heißt Lancaster, ein Hollsteiner Wallach. Er zählt stolze 19 Jahre und ist seit vier Jahren in meinem Besitz. Urlaub gibt es kaum, vielleicht drei bis Tage im Jahr, da übernimmt mein Vater inzwischen die Arbeit.

Durchsetzungsvermögen, Ausdauer und Ehrlichkeit sind meine Grundprinzipien. Meine Devise: Ich gebe kein Geld aus, das mir nicht gehört! Mein Herz hängt an dem Hof. Er ist für mich sehr wichtig. Meine Vision: Eine große Hochzeit, und eigene Kinder. Tierliebe hört für mich erst nach dem letzten Atemzug auf!

„Mein Glück sind die Pferde –
die physische und psychische
Übereinstimmung mit ihnen"

Von Gürtlern *und Kuglern*

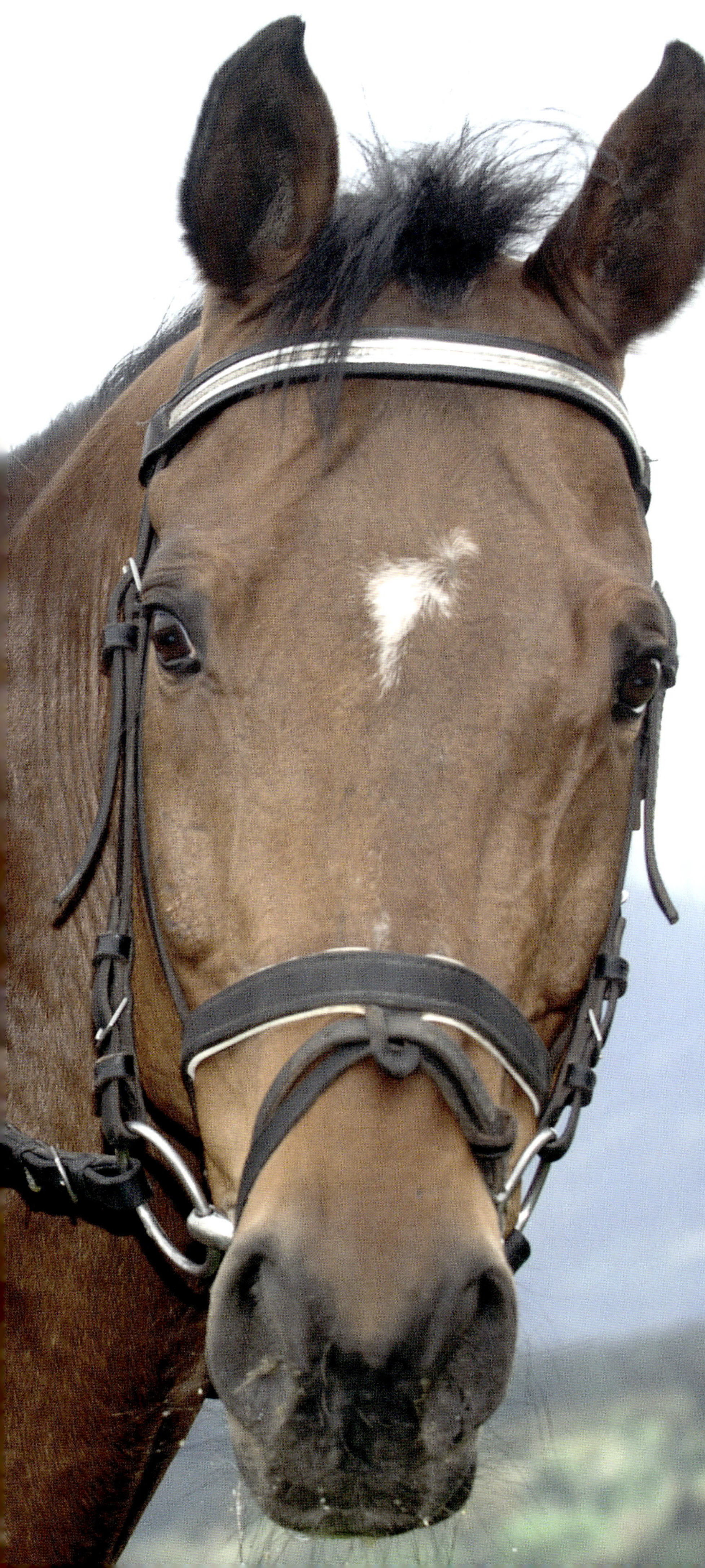

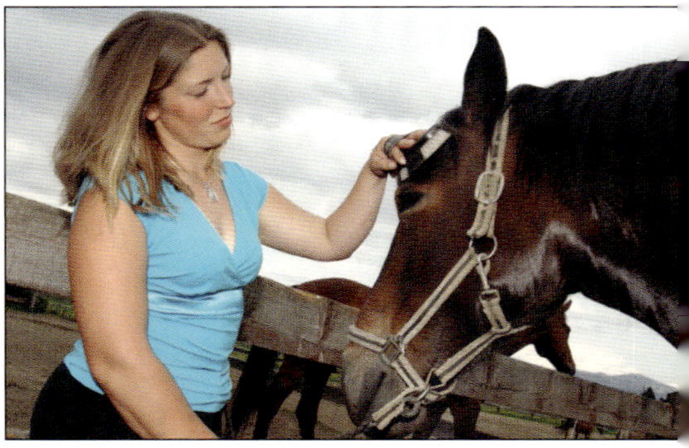

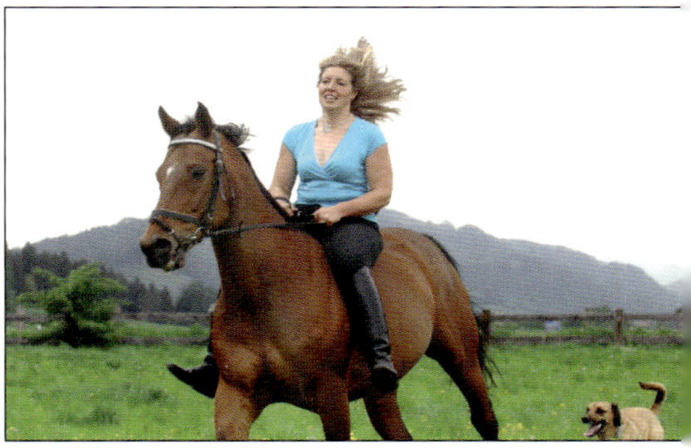

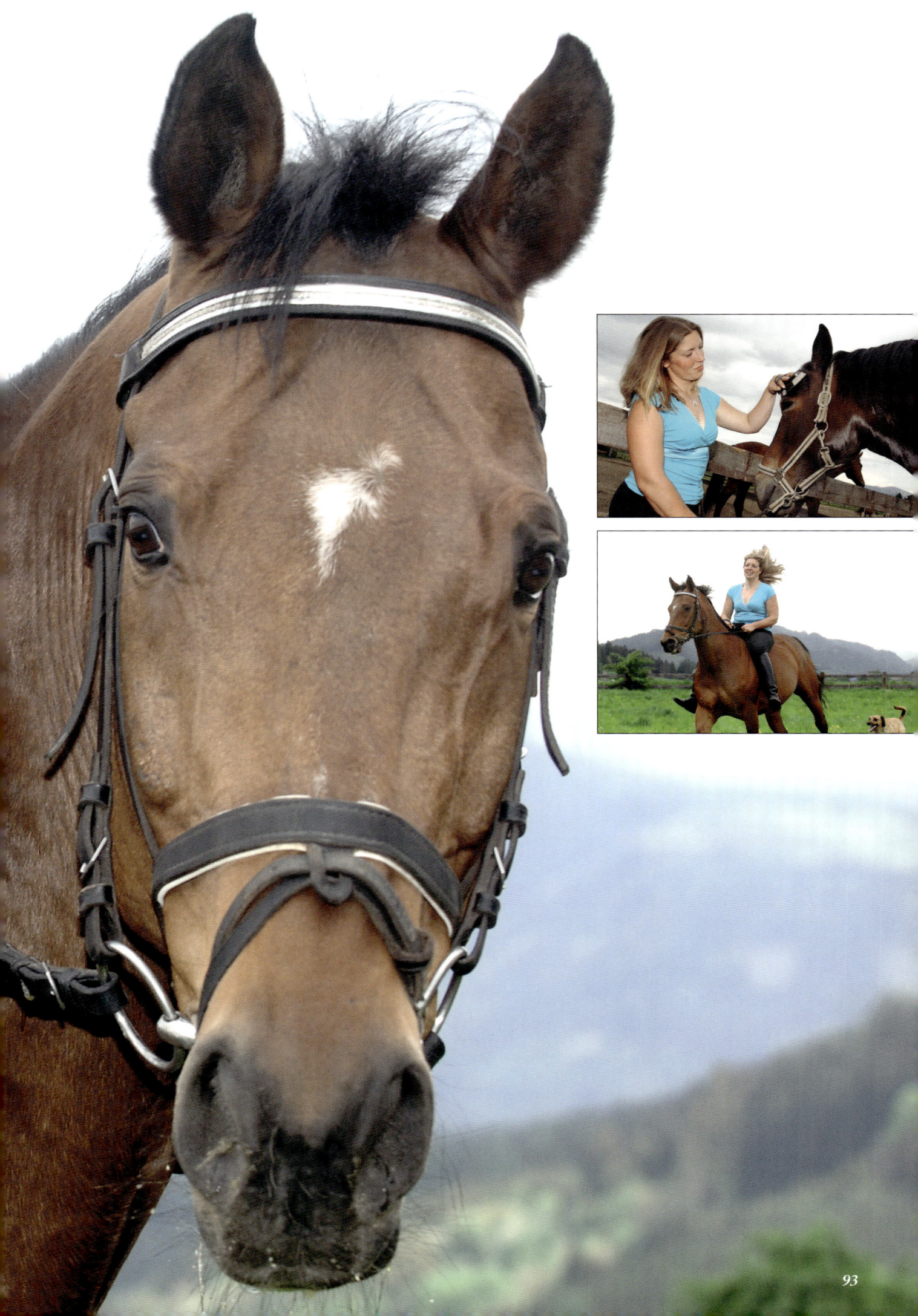

Fremdsprachenkorrespondentin und Elektroingenieur / beide in Pension
Karin und Günther Leuther

Der lange Weg nach Passail

Günther: Was ich an Karin schätze, ist ihr Temperament. Ihr Ordnungssinn geht mir manchmal auf die Nerven.

Karin: Das ist gemein, *tönt es aus dem Nebenraum*. Die eine Umzugskiste hast du jetzt nach fünfeinhalb Jahren noch immer nicht ausgeräumt!

Günther: Auf meinen Reisen habe ich mich mit vielen exotischen und dabei natürlich auch den asiatischen Küchen vertraut gemacht. Ich glaube, ich habe ein gutes Gefühl für das Würzen. Da Karin ohnehin lieber malt als kocht, habe ich das Kochen übernommen. Jeden Morgen kreiere ich das Lieblingsgericht des Tages, immer abhängig von Wetter und Laune.

Karin: Ja, früher haben wir viel gestritten – *zu Günther gewandt* – weil du ja dauernd unterwegs warst! Meist ging es um die Erziehung unserer Tochter. Das schöne lange Wochenende lang hat es nur gekracht. Erst als du dich aus der Erziehung etwas rausgenommen hast, wurde es besser. Unsere Tochter ist nach der Matura mit einem Stipendium in die USA gegangen, hat in Dallas/Texas in Mikrobiologie promoviert und als Postdoc an der Stanford Universität in dem Team gearbeitet, das vor zwei Jahren den Nobelpreis bekommen hat. Dort hat sie einen Wissenschaftler geheiratet und ist heute Executive-Director einer Pharma-Entwicklungsfirma.

Günther: Motorsport war immer meine Leidenschaft. Ich bin früher auch Rennen gefahren und hatte sieben Motorräder. Alle hießen Lisa.

Karin: Wenn die Nachbarn fragten wo du warst, sagte ich immer, du bist mit Lisa unterwegs. *Beide lachen.*

Günther: Ich habe in Aachen Elektrotechnik studiert. Dann bei der AEG begonnen, jedoch nur kurze Zeit. Es folgten viele Berufswechsel, viele Stationen in unterschiedlichen Bereichen wie Regeltechnik, Verfahrenstechnik, Umweltmesstechnik. Zwischendurch war ich auch Gastdozent in München.

Karin: Wir haben ein Leben lang Sachen gesammelt, Antiquitäten sind unsere Leidenschaft. Für ein gutes Stück sind wir oft auch an unsere finanziellen Grenzen gegangen. Dann gab es halt ein Monat lang nur Erbsensuppe.

Günther: Unsere Küche hat viel Platz, den brauchen wir zum Tanzen. Vor 40 Jahren haben wir damit angefangen, längere Zeit haben wir auch auf Turnieren getanzt.

Karin: Ich bin in Ostdeutschland aufgewachsen. Habe eine kaufmännische Lehre gemacht. Später im Fremdsprachenbereich gearbeitet. Dann in Galerien und in Antiquitätengeschäften. Schon früh habe ich mich für Kunst interessiert. Mit dem Malen war das so: Es hat einfach klick gemacht, und ich habe begonnen. Bisher habe ich so an die 500 Bilder gemalt.

Günther: Ich komme aus Monschau, einer denkmalgeschützten Stadt an der belgischen Grenze. Bei einem Bombenangriff in den letzten Kriegstagen verlor ich meine Familie und wuchs als Vollwaise auf. Ich konnte dann für die Amerikaner als Dolmetscher arbeiten und hatte Essen und Unterkunft. Um mein Studium finanzieren zu können, habe ich immer wieder im Bergbau gearbeitet. Auch mit der Musik habe ich Geld verdient. Ich spielte Akkordeon, Schlagzeug und Kontrabass.

„Fang jetzt zu leben an und lebe jeden Tag als ein Leben für sich"

Seneca

Karin: Kennengelernt haben wir uns bei einem Betriebsausflug der AEG – natürlich beim Tanzen. Günther hat mich auf seinem „fahrbaren Untersatz", einer Vespa, nach Hause gebracht. Ich habe mich bei den Kurven immer in die falsche Richtung gelegt. Das war irre gefährlich! Jetzt sind wir schon 47 Jahre verheiratet.

Günther: 1986 installierte ich in Österreich für eine amerikanische Firma wissenschaftliche Geräte. Als alles fertig war, ging die Firma, bei der ich bis dahin beschäftigt war, pleite. Da es damals keine Bedienungsanleitungen in Deutsch gab, konnte niemand mit den Geräten arbeiten. Das war der Beginn eines neuen Lebensabschnitts: Wir machten in Teamwork wissenschaftliche Übersetzungen. Wir lieferten perfekte Arbeit und wurden herumgereicht. In dieser Zeit haben wir auch viel in den USA gearbeitet und gewissermaßen vor Ort Übersetzungen ins Deutsche gemacht. Die übrige Zeit lebten wir in Frankfurt und Umgebung. Das war unsere eigentliche Arbeitsstadt.

Karin: Günther war ja oft länger in den USA. Dann haben wir uns einmal in New York das Buch „Farmferien in USA" gekauft. Daraufhin haben wir auf entlegenen Farmen oft sehr abenteuerlich unsere Urlaube in den USA verbracht. Als dann meine Mutter starb, wollten wir jedoch unser Leben ändern. Frankfurt bedeutete uns nichts mehr. Wir suchten einen neuen Platz zum Leben. Meist hielten wir uns drei bis vier Monate an einem Ort auf. Viel Zeit verbrachten wir in der Toskana, lebten dort in kleinen Dörfern und hatten intensiven Kontakt zur Bevölkerung. Auch auf den Kanaren, der Insel La Palma, verbrachten wir einige Monate – wieder nur in kleinen Dörfern. Öfters waren wir auch in Kärnten, das fast unsere neue Heimat geworden wäre.

Günther: Einmal, als Karin bei einem Malseminar in Niederösterreich war, fuhr ich an den Plattensee. Es war unerträglich heiß und alles war völlig überfüllt. Genervt drehte ich um und bin einfach aufs Geratewohl losgefahren. Ich suchte einfach nur eine kühlere Gegend. Ich fuhr durch die Steiermark, kam durch die Weizklamm und schon vor dem Ortsschild von Passail konnte ich erstmals die Klimaanlage ausschalten. Ich war, wie sich später herausstellte, angekommen. Ich übernachtete beim „Reingerlbirwirt" nahe der Teichalm und fühlte mich gleich wie zu Hause. Um sicherzugehen, haben wir noch einen Probemonat im Ort gelebt.

Karin: Der Bürgermeister hat uns ein günstiges Haus angeboten, das wir nach unsern Vorstellungen gestaltet haben. Jetzt bedauern wir, dass wir nicht schon zehn Jahre früher gekommen sind.

Günther: Wir haben uns gleich von Anfang an ins Leben hier gut integriert, die Einheimischen haben uns sehr geholfen. So war es auch leichter, einigermaßen passabel Steirisch zu lernen! Wenn ich morgens zum Einkaufen gehe, komme ich meist erst zwei Stunden später zurück. Das ist eben ländliche Kommunikation. Wir sind ja auch ein wenig Ideengeber in Passail.

Karin: Die Gleichaltrigen reden meist nur von ihren Krankheiten. Das ist nicht unser Stil. Wir haben fast nur Freunde, die zehn bis fünfzehn Jahre jünger sind als wir.

Günther: Wenn es nicht völliger Blödsinn wäre, würde ich mir nochmals ein Motorrad kaufen. Ein Wunsch von mir ist auch, einmal mit einen 60-Tonnen-Truck von Chicago nach San Francisco zu fahren.

Karin: Hätte ich das Geld, würde ich gerne Ausstellungen und Museen auf der ganzen Welt besuchen oder einmal richtig Tango Argentino in den Straßen von Buenos Aires tanzen. Doch es macht auch Spaß, zu provozieren, verrückte Kleider zu tragen und Freunde aus ihrer Lethargie aufzurütteln.

Wir leben jetzt seit fünf Jahren in Passail. ∎

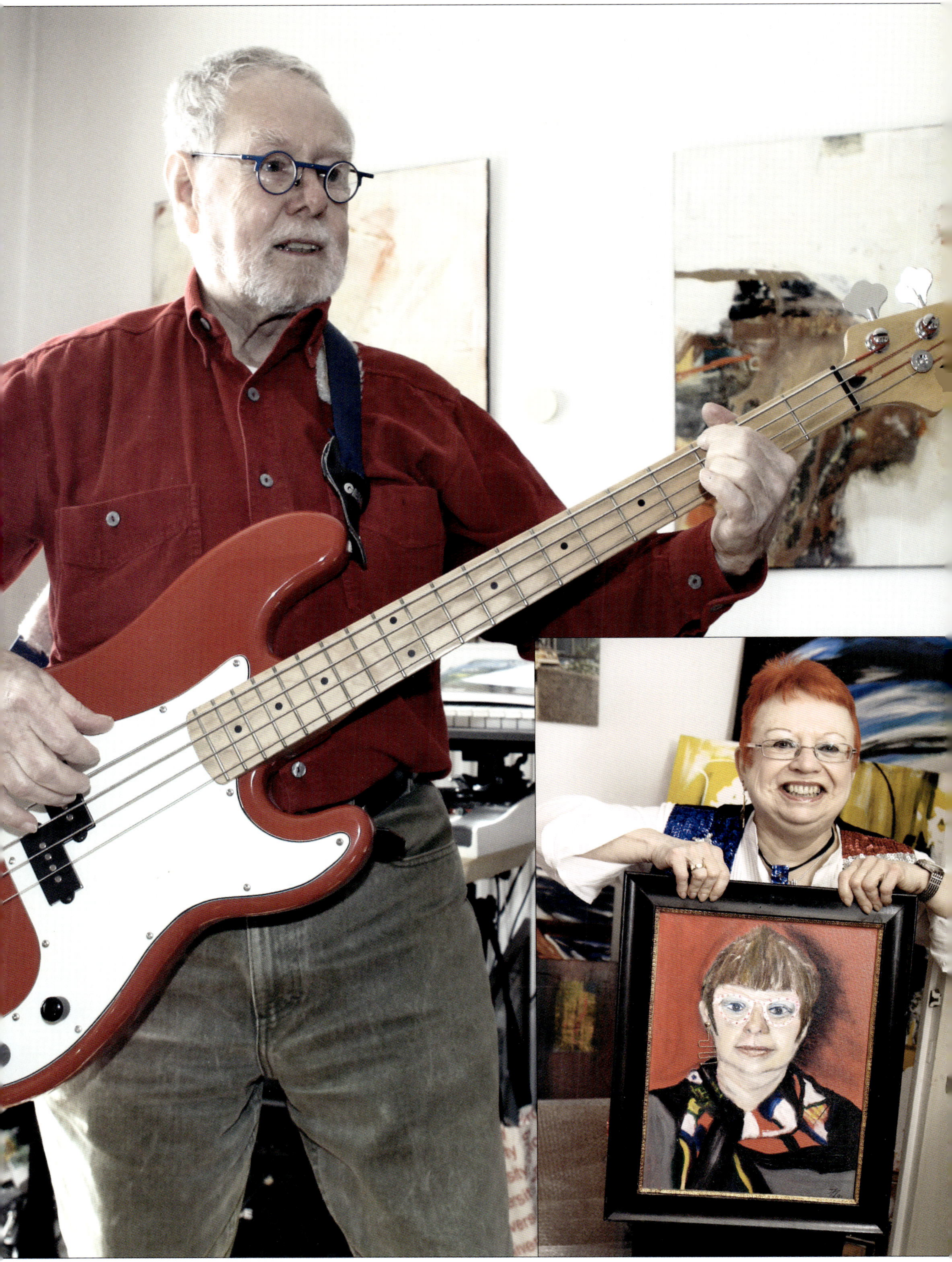

Hoteldirektor
Rainer Ogrinigg

Jeden Tag neue Herausforderungen, jeden Tag neue Menschen – das ist die Würze meines Berufes. Über die Gastronomie bin ich zur Hotellerie gekommen und schließlich Hoteldirektor geworden. Ein prägendes Erlebnis war für mich, als ich vor acht Jahren das erste Mal ins Schloss Gabelhofen nahe Fohnsdorf kam. Das Ambiente und Flair des Hotels haben mich gleich gefangengenommen, und ich wusste, dass ich hier einmal Hoteldirektor werden wollte.

Ich bin gelernter Tourismuskaufmann, vorbelastet vom mütterlichen Betrieb in Bruck a. d. Mur. Nach dem Tourismuskolleg am Semmering folgten drei stressige Jahre bei Österreichs größtem Catering-Unternehmen, für das ich weltweit tätig war. Nach dieser Zeit der Wanderschaft wurde ich sesshaft, spielte in Zeltweg Eishockey und begann meine Karriere im Schloss Gabelhofen als Kellner. Als mich 2006 die Besitzer des Hotels fragen, ob ich Hoteldirektor werden wolle, war das einer der intensivsten Glücksmomente in meinem Leben.

Das Haus befindet sich im Besitz der H.M.Z. Privatstiftung. Das verleiht dem Haus ein familiäres Umfeld und eine gewisse persönliche Note. Die größte Herausforderung in meinem Beruf ist, den Gast nicht bloß zufriedenzustellen, sondern ihm ein wirkliches Aha-Erlebnis zu bereiten. Dazu bedarf es sehr viel Kreativität und Engagement. Herzstück unseres Hotels ist natürlich die sogenannte Hardware – das Schloss Gabelhofen. Es wurde 1443 erstmals urkundlich erwähnt und hat im Laufe seiner über 550-jährigen Geschichte viele Besitzer erlebt und Veränderungen erfahren. Ursprünglich eine Ritterburg wurde das Bauwerk bald zu einem Renaissance-Wasserschloss umgebaut. Seit 1994 beherbergt das Schloss ein Hotel mit 57 individuell gestalteten Zimmern und Suiten.

Ist das malerische Gebäude die Basis, ist doch unsere Software – die Manpower – das Besondere. Die gesamte Mitarbeiterfamilie, vom Stubenmädchen bis zum Sommelier, sorgt dafür, dass es dem Gast gefällt und er sich wohlfühlt. Die regionale Küche mit Produkten aus eigener Produktion hat da natürlich einen großen Anteil daran. Zum Schloss gehören 2000 ha Ländereien. Aus dem eigenen Revier kommt das Wildbret, der Authalsaibling wird ebenfalls selbst gezüchtet.

Ein großes Hobby von mir ist der Wein. Ich habe schon früh mit dem Kauf seltener Weine begonnen und Weinreisen in viele der berühmten Weinbaugebiete unternommen. Im schlosseigenen Weinkeller lagern über 550 Sorten Qualitätsweine sowie viele Sekt- und Champagnersorten. Da findet sich für jeden Anlass Entsprechendes. Von der Reserve Hochriegl zum Krug Clos du Mesnil 1988, vom Weißburgunder von Tement bis zum Chateau Mouton Rothschild, 1er Cru classe Pauillac 1986, der an die 1000-Euro-Marke heranreicht.

Robert M. Parker, begnadeter Weinkritiker und Publizist formulierte es einmal so: *„Keine Frage, die romantische, ja mystische Empfindung, die mit dem Entkorken einer Flasche Bordeaux aus einem berühmten Chateau einhergeht, übt eine nahezu unwiderstehliche Faszination und Verlockung aus."*

„Die Zeit ist zu kurz, um schlechten Wein zu trinken"

Forscher, Autor und Erfinder
Prof. *Ekard Lind*

Mettersdorf im Sasstal. Der Mais ist hier Landschaftsgärtner. Nur schmale Grasbänder trennen die einzelnen Felder, die das Tal schachbrettartig gliedern. Dazwischen Gehöfte und Wohnhäuser eingekreist von der alles beherrschenden „Maisarchitektur". Bewaldete, lang gezogene Hügelrücken säumen zu beiden Seiten das Tal. Nahe der Sass, in einer Grünzone, betreiben Ekard und Helenira Lind das Zentrum „Tier-Mensch-Harmonie", ein Zentrum für Tierpädagogik.

Ekard: Harmonie ist natürlich immer auch von Chaos begleitet. Harmonie ist so etwas wie ein Fließgleichgewicht, nie ein Besitz, eigentlich eine Vision. Die Frage ist, wie viel man bereit ist, für die Rückgewinnung der Harmonie zu tun. Bei unserer Arbeit mit Hunden sprechen wir bewusst nicht von Methoden, sondern eher von einer Ausrichtung. Einer geistigen, philosophischen, ethischen, pädagogischen und auch ethnologischen Ausrichtung. Diese Inhalte müssen sich wiederfinden in dem Prozess der Harmonie, des Harmoniestrebens. Das bezieht sich sowohl auf die Hunde wie auch auf die Menschen. Beim sogenannten „Team Dance" tanzen wir mit den Hunden zum Teil nach selbstkomponierter Musik. Hunde empfinden Musik natürlich anders als Menschen, aber sie empfinden Rhythmus, und sie spüren vor allem die emotionale Seite von akustischen Phänomenen ganz ähnlich wie Menschen.

Helenira: Meine Heimat ist Brasilien. Mein späterer Mann kam aus Neugierde und Abenteuerlust nach Brasilien, wollte Bewegung, Tanz und Samba hautnah erleben. Über gemeinsame Freunde haben wir uns zufällig kennengelernt. Später hat mich Ekard nach Österreich eingeladen, wir lernten uns näher kennen, haben geheiratet und seit 2002 leben wir in Mettersdorf. Meine Ausbildung zur Hundepsychologin habe ich in Zürich absolviert. In Österreich ist das derzeit nicht möglich. Die Ausbildungsstätte nennt sich Akademie für Tiernatur Heilkunde. Die Ausbildung dauerte, bedingt durch die Sprachbarriere, fast drei Jahre. Die Körpersprache des Hundes lesen zu können, die Feinheiten herauszuspüren, ist ein ganz wesentlicher Bereich. Da gibt es gar keinen so großen Unterschied zum Menschen.

Ekard: Der Team Dance mit Hunden ist ja nur eine Facette unserer Arbeit. Ganz wichtig ist unsere Team Balance. Balance zu entwickeln zwischen Motivation und Autorität, zwischen Freiraum und Regeln. Alles, was motiviert, wird eingesetzt: Haltung und Bewegung, Mimik und Gestik, Berührung, Akustik, Geruch sowie Futter und Beute. Das Ergebnis sind freudige, problemlose Hunde, die den Menschen bestens als Teampartner begleiten. Es war schon lange mein Wunsch, ein Zentrum für Hunde zu schaffen. 2002 haben wir hier damit begonnen, das war ja früher alles Brachland, und wir haben das Zentrum sozusagen aus der Retorte aufgebaut. Ich bin nicht so leicht einzuordnen, habe mehrere Schubladen: Zum einen ist da meine Tätigkeit als Autor von einschlägigen Fachbüchern, zum anderen gibt es meine Erfindungen von Geräten, die der Ausbildung von Hunden dienen – ich kreiere intelligentes, ethologisch ausgerichtetes Hundespielzeug – und meine Forschungen, vor allem im Bereich der methodischen Motivations- und Spielforschung mit Hunden. ➔

„Im Tun ganz aufgehen"

Diplomtierpsychologin (ATN)
Helenira Lind

Helenira: In der Früh beginnen wir meist mit dem Training unserer eigenen Hunde. Es folgen Verwaltungsarbeiten am Computer. Über Mittag und nachmittags gibt es Balancekurse, Sportkurse und Einzeltherapien von verhaltensauffälligen Hunden. Letzteres ist überwiegend meine Domäne. Zuerst wird eine Anamnese erstellt und ein Verhaltenstest durchgeführt. Viele Hunde sind schwer psychisch geschädigt – ängstlich defensiv oder auch aggressiv, oft durch Fehlentwicklungen im Welpenalter. Wichtig ist zu vermitteln, wie man Bindung wieder festigt, wie man dem Hund Selbstsicherheit zurückgibt und den Besitzern Einsichten über das natürliche Verhalten von Hunden näherbringt. Auf Basis der gezielten Beobachtung und Einbeziehung der Familie wird die Therapie erarbeitet. Die gesamte Familie wird miteinbezogen – hier im Zentrum und auch am Wohnort der Familie. Dabei erkennt man, wie unterschiedlich sich der Hund an den verschiedenen Orten verhält.

Ekard: Unsere drei belgischen Schäferhunde sind natürlicher Bestandteil der Familie, doch sie haben auch gelernt, dass auch wir Zeit für uns selbst brauchen.

Helenira: Mein Wunsch war immer, als Fotomodell zu arbeiten. Jetzt posiere ich für die Fotostrecken unserer Fachbücher mit den Hunden – das macht mir großen Spaß.

Ekard: Im Tun ganz aufzugehen, das kommt aus meiner Beschäftigung mit fernöstlichen Kulturen und mit Yoga. Sich im Tun ganz zu verausgaben, ganz mit dem Tun zu verschmelzen, das ist für mich Perfektionismus im Dienst der Sache. ∎

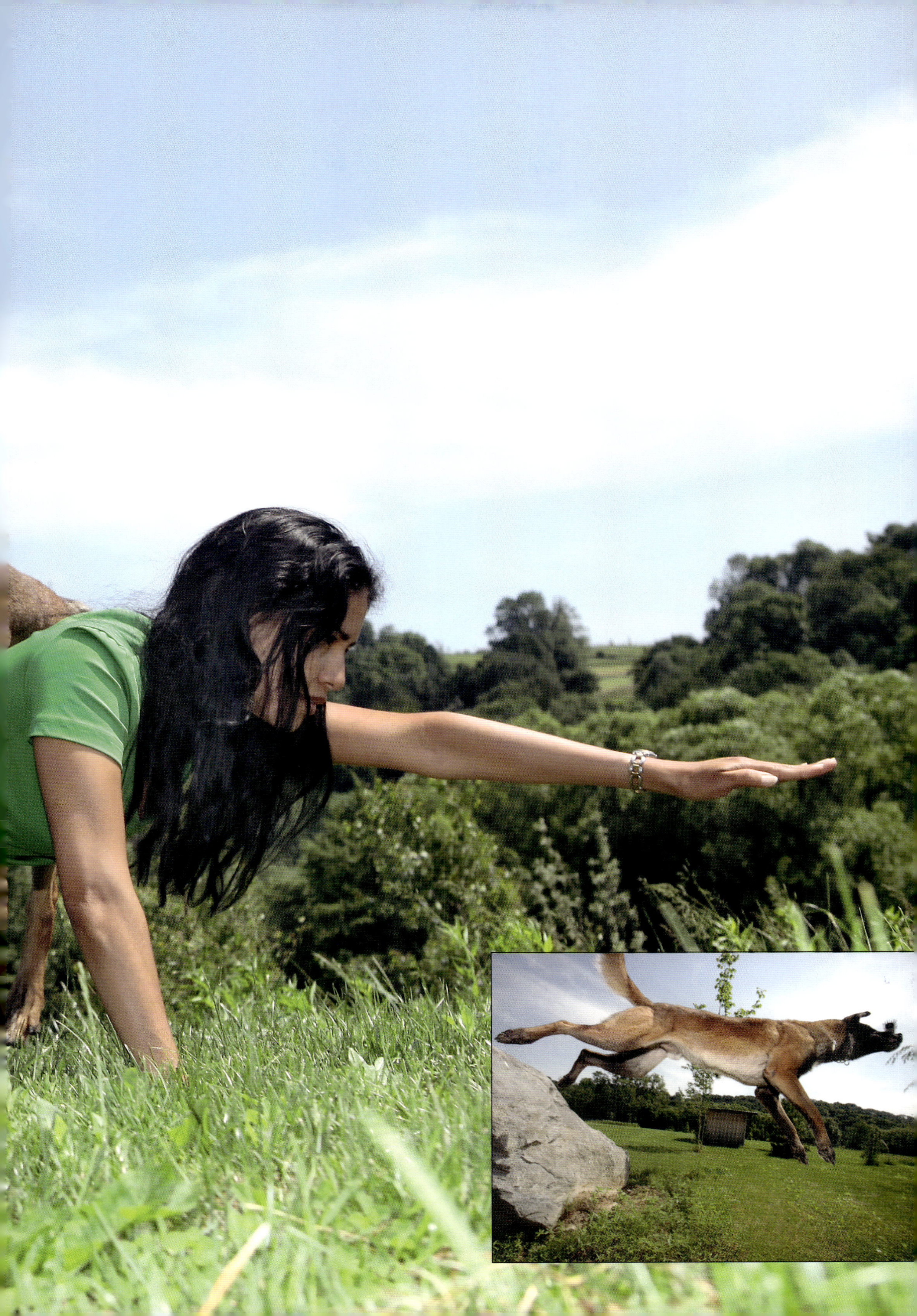

Wanderschäfer
Hans Breuer

Im Juni 2009 hatten wir 28 Tage lang Regen mit Regenstürmen, die so arg waren, dass es mein Zelt einfach wegblies. Seit 30 Jahren bin ich mit meiner Schafherde in der Steiermark sommers wie winters unterwegs, immer der Natur ausgesetzt, aber selten habe ich so widrige Wetterverhältnisse erlebt.

Die Sehnsucht, ein Leben in völliger Freiheit zu führen, hat ihre Ursprünge in meiner Jugend. In Wien im 10. Bezirk aufgewachsen, habe ich schon als Kind die Ressentiments gegen meine Eltern mitbekommen, die jüdischer Abstammung sind. Das hat mich damals schwer belastet. Ich war immer ein guter Schüler, hätte auch Lehrer oder Rechtsanwalt werden können, doch das hat mich nie interessiert. Mit 15 kehrte ich dem Establishment den Rücken, bin ausgestiegen und lebte in einer Kommune. Später verschlug es mich nach Südfrankreich. Dort lernte ich, wie man Schafe mit Hunden hütet. Wieder in Österreich arbeitete ich einige Zeit in Vorarlberg auf Almen. Dann erfuhr ich über meine Mutter, dass die Gemeinde Wien einen Schäfer suchte. Eineinhalb Jahre betreute ich auf dem Kobenzl, am Rande des Wienerwaldes, eine Schafherde.

Danach begann ich in Deutschland das Handwerk des Schäfers grundlegend zu erlernen und arbeitete auch als Schafscherer. Mit meinem ersparten Geld kaufte ich meine erste kleine Herde, die ich damit vor der Schlachtbank rettete. Ich kam auf den Geschmack und erwarb bald darauf eine weitere Schafherde. Und so begann mein Leben als Wanderschäfer. Sommer- und Winterreise bestimmen meinen Jahresrhythmus. Vom Winterquartier im Raum Hartberg geht's mit meinen 1100 Juraschafen in wenigen Wochen über Wechsel, Stuhleck, die Fischbacher Alpen und das Murtal bis zu den Hochalmen im Gebiet der Schladminger und Wölzer Tauern. Mein Leitschaf ist kurioserweise eine Ziege. Über mehrere Monate lebe ich völlig abgeschieden im Hochgebirge. Meine Schäferhunde sind unverzichtbare Helfer und treue Gefährten bei der täglichen Arbeit. Sie sind wahre Meister, wenn es darum geht, abends die Schafe aus dem oft unwegsamen Gelände wieder in die Koppeln zu treiben. Eine Bewegung mit meinem Hirtenstab reicht aus, und sie wissen, in welche Richtung sie die Schafe treiben sollen. Oft funktioniert es auch rein intuitiv. Die Schafe leben von mir und ich lebe von den Schafen. Mit Herbstbeginn beginnt die Winterreise, die über das Murtal und das Joglland wieder zurück in die Oststeiermark führt.

Nach zweieinhalb Jahren Hirtenleben begegnete ich einer Frau, sie wurde meine Partnerin und begleitet mich fortan. Wir haben drei Söhne, die alle in völliger Freiheit in der Natur aufgewachsen sind. Noch heute trifft sich im Frühjahr die ganze Familie samt Freunden zum Schafscherfest.

Tun durch Nichtstun, mit den Kräften bestmöglich haushalten – das ist bei den Schafen oberstes Prinzip. Während des Tages organisiert sich die Herde selbst, grast an den steilen Berghängen in über 2000 Meter Seehöhe. Leider sind voriges Jahr 16 Schafe bedingt durch lockeres Gestein abgestürzt.

Wenn man mit 1100 Schafen unterwegs ist, ist man nie wirklich einsam. Ich schreibe gerne Lieder und Geschichten und habe auch schon zwei CDs veröffentlicht. Ich singe auf Jiddisch, das ich mir im Lauf der Zeit selbst beigebracht habe. In meinen Liedertexten verarbeite ich oft aktuelle Themen aus meinem Leben, wobei ich den jiddischen Stil gerne auch mit Hip-Hop oder afrikanischen und türkischen Elementen mische.

„Die Liebe ist das Kind der Freiheit"

105

Von Gürtlern und Kuglern

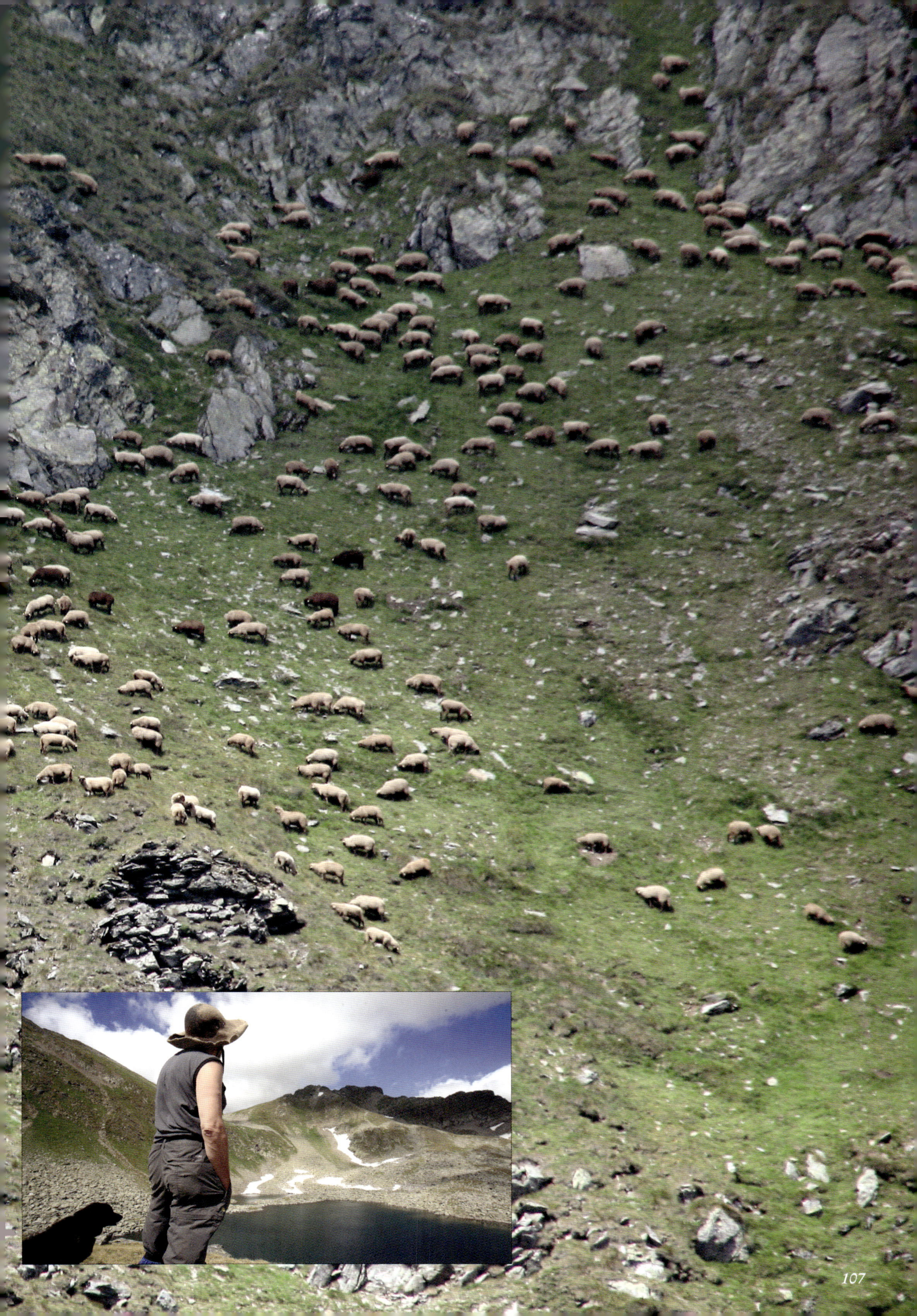

Köhler
Siegfried Fritz

Das Köhlerhandwerk ist seit Generationen in unserer Familie verwurzelt. Schon mein Großvater war hauptberuflich Köhler und hat die Eisenwerke um Thörl mit Holzkohle versorgt. Auch mein Vater erzeugte noch Holzkohle für einen Kunstschmied in der Nähe von Turnau. Als Jugendlicher habe ich meinem Vater öfter beim Aufbau des Köhlermeilers geholfen. Vor allem die langwierige Arbeit des Schlichtens des Holzes, die stets sehr genau vorgenommen werden musste, ist mir noch gut in Erinnerung.

Nach meiner Pensionierung fand ich Zeit, mich wieder mit diesem alten Wissen um die Holzkohleerzeugung zu beschäftigen, und ich begann, einen Köhlermeiler zu bauen, so wie ich es noch in Erinnerung hatte. Es gibt ja praktisch keine Literatur zum Bau eines Köhlermeilers, dieses Wissen wurde jeweils nur mündlich weitergegeben.

Etwa zwei Raummeter luftgetrocknetes Weichholz sind für den Bau eines Meilers von zwei Meter Durchmesser und zwei Meter Höhe notwendig. Aus einem Raummeter Holz werden 60 kg Holzkohle, besagt eine alte Faustregel. Um den aus Stangen errichteten Feuerschaft in der Mitte wird das Holz dicht gesetzt. Nach dem Schichten des Holzes wird mit Reisig abgedeckt, damit keine Erde ins Holz gelangt und dennoch Luft zirkuliert. Danach wird kugelförmig 15 bis 20 cm dick Erdreich aufgetragen. In der Mitte bleibt eine Öffnung, durch die das stehend geschlichtete Holz hervorragt.

Hier wird der Meiler entzündet. Man muss warten, bis die Holzstangen glühen, erst dann wird vollständig mit Erde abgedeckt, sodass im Inneren des Meilers ein Glosprozess entsteht. Sehr wichtig ist, die Sauerstoffzufuhr so gering wie möglich zu halten, damit das Holz nicht zu brennen beginnt. Mit dem Störeisen werden Löcher ins Erdreich gestochen, um die Luftzufuhr und Luftentweichung zu regulieren. Es erfordert viel Geschick und Gespür an Hand der Farbe und der Schnelligkeit des Entweichens des Rauches auf die Prozesse im Inneren schließen zu können. Länger als drei bis vier Stunden sollte man den Meiler daher nicht unbeaufsichtigt lassen. Das gilt natürlich auch für die Nachtstunden. Aus dem Wasserdampf kann das Kohlöl, ein altes Hausmittel, gewonnen werden. Nach ungefähr drei Wochen ist dann der große Augenblick: Das Erdreich wird entfernt und die Holzkohle flach aufgelegt. Sie muss jedoch mit Wasser gekühlt werden, damit sie nicht an der Luft verbrennt.

Die Köhler lebten früher mit ihren Familien direkt bei ihren Meilern, oft völlig abgeschieden, in Köhlerhütten. Sie hatten das Recht, im Umkreis von einem Kilometer Wild zu jagen. Sagen und Mythen ranken sich um sie, denn sie waren meist schwarz vom Rauch und wirkten recht furchteinflößend. Heute kann man diesen Beruf aus Kostengründen nicht mehr gewerbsmäßig ausüben. Dennoch baue ich jedes Jahr im Waldgebiet des Himmelreichbauern bei Turnau meinen Köhlermeiler.

„Mir liegt am Herzen, Vergessenes wieder aufleben zu lassen"

Fährmann
Anton Krajner

Man hat die Wahl bei der Murfähre Weitenfeld – Sladki Vrh: 30 Personen, sieben Stück Großvieh oder ein beladenes landwirtschaftliches Fuhrwerk bis 6 t. Eine Überfahrt nach Slowenien ist jedoch auch für Einzelreisende möglich. Exklusiv und noch dazu gratis. Befindet sich die Fähre am anderen Ufer, genügt heftiges Winken oder ein Pfiff, schon setzt sich die Fähre in Bewegung.

Über 35 Jahre habe ich als LKW-Fahrer gearbeitet. Seit sechs Jahren bin ich nun Fährmann. Die Ausbildung habe ich in Koper absolviert. Auf der Marineschule gibt es eine spezielle Ausbildung für Fährmänner. Wir arbeiten zu dritt im Schichtbetrieb. Übersetzen nach Slowenien oder von Slowenien nach Österreich kann man von 7 Uhr früh bis 22 Uhr in der Nacht. Vom 16. November bis 14. März ist kein Fährbetrieb. Betreut wird die Fähre von der Gemeinde Šentilj in Slowenien und der Gemeinde Murfeld in der Steiermark. Lange Zeit wurde sie von den örtlichen Bauern für Vieh- und Holztransporte genutzt oder die Heuernte wurde über die Grenze gebracht, denn manche Bauern haben Gründe in der Steiermark und in Slowenien. Doch mittlerweile hat sich unsere Klientel gewandelt. Hauptsächlich befördern wir Tagesausflugsgäste aus den näheren Regionen aber auch internationales Publikum: Deutsche, Spanier, Holländer sogar Amerikaner. Vorwiegend Wanderer und Radfahrer sind auf diese Weise schon über die Mur nach Slowenien geschippert. Im Jahr 2008 waren es 17.000 Personen.

Wir betreiben hier eine ökologische Fähre im wahrsten Sinne des Wortes. Nur durch die Bewegung des Ruders zu oder gegen die Strömung wird die Energie erzeugt, welche für die Überfahrt auf dem Fluss notwendig ist. Stellt man das Ruder gerade, bremst die Fähre. Bei starker Strömung muss ich mich oft mit ganzer Kraft ins Ruder hängen.

Herrscht jedoch extremes Hochwasser, setzen wir den Fährbetrieb aus. Ein drei Zentimeter dickes Stahlseil – ein altes Seilbahnseil – dient zur Stabilisierung und hält die Fähre auf Kurs. An jeder Uferseite befindet sich eine Holzrampe, an der die Fähre anlegt. Mit einer Kurbel können wir die Höhe der Rampe, je nach Wasserstand, heben und senken.

Der Aufbau der Fähre ist denkbar einfach. Auf der Oberseite von zwei Booten sind starke Holzplanken im Ausmaß von 10 x 10 Meter befestigt. Rundum sind Absicherungen, damit kein Passagier ins Wasser fallen kann. 30 Personen haben Platz, und daher haben wir auch 30 Schwimmwesten, sechs Rettungsringe und natürlich auch Anker und Feuerlöscher an Bord. Vor der Renovierung im Jahr 2000 mussten wir die beiden Unterboote noch regelmäßig ausschöpfen. Jetzt sind sie endlich dicht.

„Der Fluss ist meine Heimat"

Personalleaserin
Theresia Fröhlich

Meine Kindheit und Jugend verbrachte ich in Pachern, einem Ort, südöstlich von Graz. Aufgewachsen in einer Arbeiterfamilie war ich mit meinen fünf Geschwistern gerne in der Natur und habe, vor allem von meiner Mutter, viel fürs Leben gelernt. Nach der Pflichtschule waren wir jedoch ganz auf uns allein gestellt und mussten uns ohne Hilfe der Eltern eine Arbeitsstelle suchen. Ursprünglich wollte ich Friseurin oder Kosmetikerin werden, denn der Umgang mit Menschen war mir immer wichtig. Schließlich wurde ich Strickwarenerzeugerin bei der Firma Keckstein in Graz. 28 Firmen mit diesem Profil gab es 1975 noch in Graz. Heute gibt es keine einzige mehr. Kommunikativ und kreativ war ich schon immer. Schon als Lehrling hatte ich den Traum, einmal ein eigenes Geschäft zu haben und schon als Lehrling traute mir mein damaliger Chef zu, den Strickwarenbetrieb in der Urlaubszeit allein zu führen. Davon habe ich auf meinem weiteren beruflichen Weg sehr profitiert.

1978 begann dann die wirkliche *Action*, und es wurde mir seither nie mehr langweilig. Ich lernte meine große Liebe, meinen Mann Manfred, kennen. 1980 feierten wir Hochzeit. 1986 gründeten wir die erste Firma: Manfred Fröhlich Montagen Service. Die Motivation war schon immer, einmal eine große Firma, vielleicht die größte auf unserem Gebiet zu werden. 1988 erhielt mein Mann als Erster in Österreich die Konzession für Personalbereitstellung. Zwischendurch versuchten wir uns auch als Weinbauern, was viel Spaß machte, doch wir mussten uns entscheiden: entweder Winzer oder Personalleaser. 1992 gründeten wir schließlich unsere jetzige Firma MPS – Mobiles Personal Service. Gleich zu Beginn gab es einen Schock: Ein Großkunde ging in Konkurs, und unsere junge Firma war in ihrer Existenz gefährdet. Doch innerhalb von zwei Jahren haben wir dieses Problem mit unserem sprichwörtlichen Teamgeist gemeistert.

Mittlerweile arbeiten unsere beiden Söhne schon seit zehn Jahren im Betrieb und haben auch bei uns gelernt. Familienbetrieb bedeutet jedoch auch die Herausforderung, Privates und Firmenbelange tatsächlich zu trennen. Wir lassen uns diesbezüglich regelmäßig coachen, und das funktioniert super. Etwa 1000 Mitarbeiter aus fast 40 Berufssparten sind bei uns beschäftigt. Das Grundprinzip der Firma basiert auf der flexiblen Bereitstellung von Arbeitskräften für die Wirtschaft, wobei wir ein sehr breites Spektrum an Berufen anbieten. Dazu gehört auch so etwas wie ein Rundumservice, beginnend bei der Suche nach geeignetem Personal, Beratungsgesprächen und der Begleitung der Mitarbeiter in der ersten Zeit am neuen Arbeitsplatz. Baut eine Firma Mitarbeiter ab, reagieren wir flexibel und versuchen, die Mitarbeiterinnen in anderen Firmen unterzubringen.

Mein Spezialgebiet ist Marketing und Eventmanagement. Organisieren und kreativ sein – da geht mir mein Herz auf. Das Wichtigste für mich ist aber die Gesundheit und meine Familie. Ich koche leidenschaftlich gerne. Meine Idee, im Rahmen von Eventveranstaltungen auch spezielle Kochkurse anzubieten, möchte ich gerne demnächst umsetzen. So wird vielleicht aus meinem Hobby noch einmal ein neuer Beruf.

„Mache aus jeder Situation das Beste"

Lachtrainer
Dr. *Manfred Glawogger*

Als einjähriges Kind habe ich das Todeslager von Sternthal überlebt. Mütterlicherseits bin ich Gottscheer und väterlicherseits Steirer. Ich wurde in Ratschach bei Steinbrück, dem heutigem Ratece in Slowenien geboren. Nach dem Kriegsende musste meine Mutter mit mir flüchten. Wir wurden von Partisanen aufgegriffen und in das berüchtigte Todeslager Sternthal bei Pettau gebracht. Gottlob, wir überlebten. Ohne Hab und Gut schlugen wir uns bis nach Hausegg bei Rein, woher mein Vater stammte, durch. Wie Bettler kamen wir an und fanden in einer entlegenen Keusche ohne Strom und Wasser Unterkunft.

Meine Mutter war gelernte Weißnäherin, was für die damalige Situation lebensrettend war, denn durch ihre Arbeit hatten wir zu essen. In die Volksschule ging ich täglich zu Fuß, wobei jährlich weit mehr als 1000 Kilometer zusammenkamen. Später im Gymnasium war ich in meiner Klasse das einzige Kind eines Arbeiters. Ich studierte einige Semester Theologie später Philosophie und promovierte in Graz. Im Stift Rein fand ich Zugang zu humanistischer Bildung. Den Mönchen des Stiftes habe ich viel zu verdanken, besonders Pater Gotthard Ortner.

Dem Lachen auf die Spur kam ich im Jahre 1990 durch einen Zufall. Via Fernsehen erlebte ich einen Vortrag eines buddhistischen Mönchs über das Phänomen des Lachens. Ich wurde neugierig, zumal ich entdeckte, dass es auf dem Buchmarkt keine geeignete Literatur gab. Deshalb begann ich in meiner Freizeit in der Universitätsbibliothek in Graz den Geheimnissen des Lachens nachzugehen; ich fand Sensationelles und Aufregendes sowie meine Zugänge zu Lachyoga und Lachmeditation. Im Jahre 1992 begann ich Lachseminare abzuhalten und konnte erleben, wie die wundersamen Kräfte des Lachens den Teilnehmern guttaten, ja wie das Lachen Menschen äußerst positiv zu verwandeln vermochte.

So beschloss ich, ab meinem 60. Lebensjahr die heilsamen Kräfte des Lachens anderen Menschen zugänglich zu machen. Deshalb schrieb ich auch die Bücher „Lust auf Lachen" und ein „Ticket nach Innen", beide erschienen im Leykam Verlag. Ich möchte bei meinen Veranstaltungen die Menschen ermuntern, ihr Leben mit neuem, positivem Schwung zu entfalten. Meine Vision ist es, durch das Lachen das Miteinander der Menschen zu verbessern. Wo Fröhlichkeit Raum bekommt, hat das Böse keinen Platz mehr. So kann durch das Lachen der Friede in der Familie, in den Gemeinschaften, unter den Nationen und Ländern gefördert werden. Vielleicht ist es nur das Lachen, das die Welt vereinen kann.

Auch wenn es kurios anmutet, mein Wunsch wäre es, dass bei meiner Beerdigung herzhaft gelacht wird. Wenn dann vielleicht einige sagen werden: Das war eine lustige Beerdigung, schade dass er nur einmal gestorben ist, wäre dies absolut in meinem Sinne.

„Lachen heilt und
verwandelt den Menschen"

Verwerter
Georg Titz

30 Jahre bin ich zur See gefahren, war weltweit unterwegs – auf Passagierschiffen, Frachtschiffen und sogar Supertankern. Jetzt macht mich am meisten glücklich, wenn ich spazieren gehe und schaue, was es so Neues gibt. Unterwegs bin ich zwei bis drei Mal die Woche und lege dabei jeweils so um die 15 bis 20 Kilometer zurück, manchmal auch nachts. Im Grunde habe ich ein volles Programm, denn ich versorge ja auch meine Eltern, die 93 und 96 Jahre alt sind. Kosgasse, Schörgelgasse, Kronesgasse, dann Richtung Ostbahnhof, hinauf zum Lendplatz, Annenstraße und retour ist eine meiner Strecken. Ich halte Ausschau nach Verwertbarem – Uhren, Metallgegenstände, Bekleidung.

Ich bin gelernter Koch und wollte immer herumkommen. So habe ich als Schiffskoch angeheuert – meist in Hamburg und Bremen, doch ab 1995 kam die große Pleitewelle und es war einfach nichts mehr zu bekommen. So bin ich wieder nach Österreich zurück und meine Mutter hat mich als Haushaltshelfer angestellt. Ins normale Berufsleben wollte ich nicht mehr einsteigen, und so hat sich das dann weiterentwickelt. Um Geld zu sparen, habe ich mir angewöhnt, von den Resten der Gesellschaft zu leben. Feste Beziehungen hatte ich nie. Das war mit meinem Job nicht vereinbar, da ich oft auch zwei Jahre lang ununterbrochen unterwegs war.

Momentan komme ich mit 100 Euro pro Monat aus, allerdings versorge ich da auch noch meine Eltern mit. Das geht eben nur, weil ich mit dem Fahrrad Vorrat hole. Was meinen sozialen Status betrifft, habe ich bisher keine negativen Erfahrungen gemacht. Hier in Graz sind die Leute spitze. Auch von Chinesen und Türken habe ich schon was bekommen. Es gehört zu meinem Stil, niemanden anzubetteln. Meistens treten die Leute an mich heran und fragen mich, ob ich was brauche. Im Grunde bin ich zufrieden mit dem, was ich habe, daran würde auch ein Lottogewinn nicht viel ändern. Ich bin kein Spieler – mit Geld spiele ich schon gar nicht, das nehme ich sehr ernst. Ich bin gegen Verschwendung jeder Art, doch das, was man zu sich nimmt, muss in Ordnung sein, denn die Gesundheit steht immer im Vordergrund.

Wenn es mir die Zeit zulässt, pflege ich auch soziale Kontakte, doch es hat ja jeder selbst genug um die Ohren. Manchmal treffe ich meine Schwestern, die auch in Graz wohnen. So wie ich jetzt lebe, fühle ich mich authentisch. Ich stehe zu meinem Aussehen, und was die Leute daraus ablesen, ist ihre Sache.

„Es genügt, genügsam zu sein"

Extremradfahrer und Gipfelstürmer
Wolfgang Fasching

32.000 km war mein jährliches Pensum, als ich für das Race Across Amerika – das härteste Radrennen der Welt – trainierte. Achtmal habe ich an diesem Radrennen teilgenommen, dreimal gewonnen. Das bedeutete fast 5000 Kilometer Radfahren in neun Tagen, mit nur acht bis zehn Stunden Schlaf insgesamt, etwa 30.000 Höhenmetern, 25 bis 50 Grad Celsius Hitze, einem Flüssigkeitsverbrauch von 20 bis 25 Litern täglich sowie einem Kalorienverbrauch von 18.000 Kalorien, was etwa einer 20 kg schweren Spaghettiportion entspricht.

Das erste Mal am Start zu sein, war ein unglaubliches Erlebnis. Nach zehn Jahren Vorbereitung konnte ich mich endlich mit der absoluten Weltelite messen. Mein Ruhepuls war bei 140, ich war unglaublich aufgeregt, verlor das Empfinden – war ich wirklich stark oder nur überspannt? Konnte ich die trainierte Leistung auch abrufen? Wann würde der große Crash kommen – vielleicht nach vier oder fünf Tagen Dauerbelastung unter extremsten Bedingungen? Wann würde dieser Crash kommen? Aber schließlich lief es viel besser als erwartet. Nach neun Tagen war ich im Ziel, ich war durchgekommen und Dritter geworden – ein unglaublicher Erfolg.

Entscheidend für mich ist immer nur die gegenwärtige Situation. Widrige Umstände haben mir nie etwas ausgemacht. Alles geht vom Kopf aus – nur von da. Heraus aus der Komfortzone: vom Ruhepuls in die Stresszone und weiter in den Stretchbereich, wenn der Horizont enger wird und nur noch das unmittelbar Nahe, Greifbare, Spürbare wahrgenommen wird. Hier spiele ich mein eigenes inneres Kino. Negative Dinge blende ich aus. Das ist kein Verdrängen, sondern dient lediglich der Überwindung von Hürden. Ich motiviere mich in solchen extremen Situationen ständig, zielorientiert zu denken, visualisiere meine Ziele. Denn Ziele muss man finden und nicht erfinden.

2007 fuhr ich mein letztes Race Across Amerika. Seither hat sich mein Trainingsplan gewandelt. Laufen und Konditionstraining stehen jetzt im Vordergrund, um mein derzeitiges Projekt – „Seven Summits", so werden die sieben höchsten Gipfel auf den sieben Kontinenten in der Bergsteigersprache genannt –, abzuschließen. Der Reiz liegt im Abenteuer und den vielseitigen bergsteigerischen Anforderungen.

„Heraus aus der Komfortzone"

Foto: Heiko Mandl

Autosattler
Hans Pfeifhofer

Sudbury 1952, eine Stadt in der Provinz Ontario im Osten Kanadas, etwa 35.000 Einwohner, ein Industrieort mit Nickelwerken und Schmelzereien. Umweltschutz und Schadstoffbegrenzungen existierten praktisch nicht. Im Umkreis von 20 Kilometern wuchs kaum ein Baum – eine gespenstische Mondlandschaft. Hier baute ich mir meine neue Existenz auf.

Der Grund, in Kanada als Tapezierer, Polsterer und Autosattler ein neues Leben zu beginnen, war die triste Situation in Österreich kurz nach dem Zweiten Weltkrieg: Zerstörung, Lebensmittelknappheit, Arbeitslosigkeit. Material für meinen Beruf war kaum zu bekommen. Kurz arbeitete ich als Holzknecht. Dann reparierte ich alte Motorräder und verkaufte sie mit Gewinn, um Geld für die Reise nach Amerika zu sparen. Schließlich schaffte ich es, als Emigrant in das ehemalige Kriegsgefangenlager nach Québec zu gelangen. Vom ersten Tag meiner Ankunft an wollte ich arbeiten, ein neues Leben beginnen. Meine erste Arbeitsstelle war über 100 Meilen entfernt und die Einwandermission schickte mich per Zug dorthin. Ich hatte ein Schild umgehängt, auf dem alles Nötige stand, denn ich konnte nicht Englisch. Die ersten Wochen waren schon wegen der mangelnden Sprachkenntnisse sehr hart, doch nach sechs Monaten konnten meine Frau und die Kinder nachkommen. Monika und Hans waren damals neun und sieben Jahre alt. Mehrmals musste ich die Arbeitsstelle wechseln, bis ich schließlich durch ein Inserat nach Sudbury kam.

In Kanada herrschte Aufbruchsstimmung, die Wirtschaftslage war gut. Schon bald reifte in mir der Entschluss, mich hier selbstständig zu machen. Doch vorerst arbeitete ich noch in einem Betrieb und war meinem Arbeitgeber verpflichtet. Schließlich fand ich einen guten Bauplatz und borgte mir Geld von Freunden für die Anzahlung. Ich plante alles selber und errichtete ebenfalls mithilfe von Freunden das Betriebsgebäude. Wir eröffneten im Februar nach nur acht Monaten Bauzeit. Es war ein extrem kalter Winter mit minus 20 Grad Celsius im Durchschnitt. Alles war fertig, auch die Arbeitsgeräte standen bereit: Nähmaschinen, Füllmaschinen, Kompressor und Kleinwerkzeuge – zusammen mit drei Leuten aus meiner vorigen Firma startete ich dieses Abenteuer. Ich hatte einfach begonnen und anfangs nicht einmal einen Gewerbeschein. Die ersten Jahre waren hart. Täglich 15 bis 16 Stunden im Betrieb, das war normal. Doch ich war überzeugt, dass meine Entscheidung richtig war. Nach acht Jahren machte ich das erste Mal wirklich Urlaub: Ich kaufte mir einen Chrysler, der 2.500 Dollar kostete, ein Regierungsauto zur damaligen Zeit, eine richtige Staatskarosse. Dann plante ich mit meiner Familie eine Reise nach Europa. Sechs Monate Urlaub nach acht Jahren Schwerarbeit. Die Schiffspassage für den Chrysler kostete gleich viel wie eine Personenkarte. Wir wollten alle unsere Freunde und Verwandten besuchen. In Österreich erregten wir mit meinen Wagen großes Aufsehen, und es erwachte in mir wieder die Sehnsucht nach der alten Heimat. In den nächsten acht Jahren sind wir dann fast 15 Mal von Kanada nach Österreich gefahren. Schließlich verkauften wir den Betrieb, ich kaufte meine Pension nach. Ich war 31 Jahre alt, als ich auswanderte, mit 47 Jahren kam ich mit meiner Frau wieder zurück. Die Kinder blieben jedoch in Kanada, was für uns sehr schmerzlich war.

In Söding haben wir uns ein Haus gekauft. Zwei Jahre lang habe ich mich nicht getraut, eine neue Arbeit zu suchen – zu sehr war ich noch von meinem Job als Selbstständiger geprägt. Dann konnte ich aber doch in meinem angestammten Beruf wieder Fuß fassen und arbeitete weitere 14 Jahre in Graz. Meine Liebe zu Oldtimern erwachte schon auf einen unserer früheren Österreichurlaube. Seit Jahren hege und pflege ich meinen BMW 327, mit dem ich noch regelmäßig ausfahre.

„Immer vorwärts schauen, nie zurück"

Artist
Alexander Schneller

Eine meiner frühesten Erinnerungen: Mein Vater auf dem Einrad, wie er in der Manege seine Kreise zieht! Immer schon habe ich meinen Vater bewundert, er war mein großes Vorbild, Trainer und Lehrmeister. Mit fünf Jahren habe ich bereits gelernt, mit dem Einrad zu fahren, mit sieben zu jonglieren – ich bin ins Zirkusleben richtiggehend hineingewachsen.

Wir stammen aus Hollabrunn in Niederösterreich und die Zirkustradition reicht in unserer Familie viele Generationen zurück. Vater, Großvater und auch die Urgroßeltern waren Artisten. Auch meine drei Schwestern waren ursprünglich beim Zirkus tätig.

Entscheidend ist die Disziplin: Sehr schnell verliert man das Fingerspitzengefühl, stellt sich Unsicherheit ein, wenn man nicht täglich sein Übungspensum abarbeitet. Für eine neue Nummer brauche ich oft ein bis zwei Jahre. Das bedeutet, unzählige Male sieben Bälle gegen eine Trommel zu schlagen, den Rhythmus der Bewegungen bis ins kleinste Detail zu koordinieren, sich ebenso unzählige Male zu bücken, um die Bälle wieder einzusammeln bis dann endlich alles perfekt passt. Ein guter Jongleur sollte mit seinem Requisit eins sein, eine tiefe Verbindung mit seinem Requisit aufbauen.

Wir sind neun Monate des Jahres in Österreich auf Saison wobei wir wöchentlich den Standort zu wechseln. Klimatische Widrigkeiten, organisatorische Probleme, wie sie bei der Versorgung der Tiere vorkommen, fordern uns immer wieder aufs Neue. Doch beim Zirkus ist eben Tatkraft angesagt. Meine Mutter managt das alles sehr gut. Ich fühle mich selbst als Teil des Zirkus. Als lebender Bestandteil einer Idee, die in unserer Familie verwurzelt ist. Meine Glückszahl ist die Sieben. Das zeigt sich auch in den sieben Keulen, die ich in einer meiner Nummern verwende. Aber es können genauso gut Bälle oder Ringe sein. Für die Euro 2008 habe ich eine eigene Nummer einstudiert.

Mein Wunsch, meine Vision ist es, Zirkusdirektor zu werden. Die Tradition des letzten, rein österreichischen Zirkus weiterzuführen. Das ist mir ein wirkliches Anliegen. Wir bekommen keine Subventionen, da in Österreich Zirkus nicht als Kultur, sondern als Gewerbe angesehen wird. Zusätzlich erschweren uns Auflagen und behördliche Genehmigungsverfahren die tägliche Arbeit. So brauchen sogar unsere Hasen einen Impfpass. Doch der Familienzusammenhalt gibt wieder Kraft, und die Auftritte in der Manege entschädigen für manches Problem. Ohne Manegenluft ist für mich ein Leben schwer vorstellbar. Zirkus ist mein Leben.

„Ein guter Jongleur sollte mit seinem Requisit eins sein"

Maler
Kurt Klöckl

Mich fasziniert sie, diese Landschaft. Alle sehen nur die Lieblichkeit, doch für mich ist diese Landschaft pure Magie – Inspiration für meine Arbeit als Maler, Freiheit, was auch immer …

Manchmal erinnern mich diese Hügel an die Formen einer Frau, an das Weiche, Fließende, Ausgebreitete, etwa im Morgenlicht, wenn die Sonne die Schatten akzentuiert und seltsame, flüchtige Gebilde erschafft. Stundenlang bin ich oft am Eichberg unterwegs. Es scheint, es gibt unzählige Wege – ein Labyrinth von Wegen. Das Gehen befreit, führt mich näher zu den Menschen. Schön ist es, noch echte Bauern zu finden. Menschen, die in dieser Gegend wurzeln. Einfach nur zu schauen und etwas mitzunehmen, das dann in meinen Bildern weiterlebt – wenn einer die Sense dengelt oder in seiner Laube trinkt oder im Weinberg die Trauben begutachtet.

In Deutschland wurde ich bei Ausstellungen als Neoexpressionist bezeichnet. Selbst fühle ich mich in keinem Malstil wirklich verhaftet. Kreatürliches steht bei meinen Arbeiten im Vordergrund – vor allem die Darstellung des Menschen in gefühlsmäßigen Extremsituationen.

Oft scheine ich in die Keltenzeit versetzt zu sein. Ich bin sehr „keltophil". Schon immer habe ich mich für die Mystik und Kunst der Kelten interessiert, die Kunst der Kelten, die nichts ausspart, jedem Zentimeter Form und Bedeutung gibt, so als hätten sie jede Sekunde im Einklang mit ihren Göttern gelebt. Ich erlebe mich ja selbst auch als religiöser Mensch, im Christentum verwurzelt, doch nicht im katholischen Sinn. Die Lehre der Liebe ist doch einzigartig, die Liebe das Höchste, wozu ein Mensch fähig ist.

Obwohl ich hier lebe, werde ich nie versuchen, Land zu besitzen, möchte einfach Land sein, eingebettet im Land wie in einem Daunenbett.

„Hergekommen bin ich wegen einer Frau und hier geblieben wegen der Landschaft"

Von Gürtlern
und Kuglern

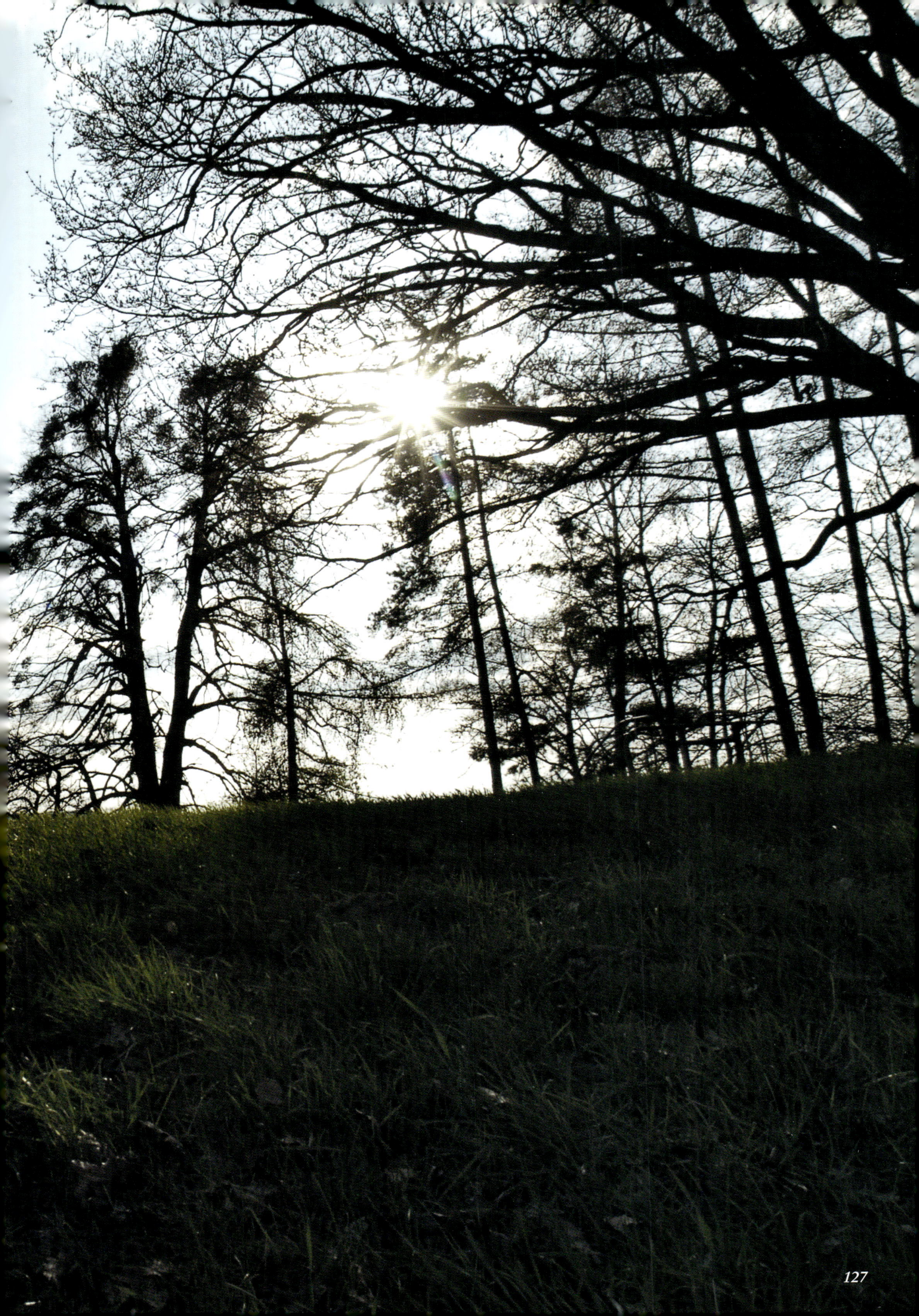

Bühnenmeister Gerald Weber

Gut erinnere ich mich noch an meinen ersten Arbeitstag im Grazer Schauspielhaus. Das war 1986, ein Shakespeare-Stück wurde aufgeführt: Romeo und Julia. Das erste Mal Bühnenluft zu atmen, war für mich, als gelernter Karosseur, wie das Eintauchen in eine komplett neue Welt, und ich war dementsprechend aufgeregt. Seither ist die Liebe zum Schauspiel und die Liebe zum Grazer Schauspielhaus stetig gewachsen.

Beleuchter, Requisiteure, Pyrotechniker, Maskenbildner, Ankleider, Tontechniker, Maschinenmeister und Möbler – und last but not least – natürlich die Bühnenarbeiter bilden das „Rückgrad" bei Theaterproduktionen. Im Idealfall verschmilzt Kunst und Technik in der fertigen Produktion. Der gesamte technische Ablauf eines Stückes, von der ersten Bauprobe bis zur Premiere, liegt in meinem Verantwortungsbereich. Bei jeder Verwandlung, wie die einzelnen unterschiedlichen Szenen genannt werden, muss alles reibungslos funktionieren. 28 Mitarbeiter umfasst mein gesamtes Team. Die Planung eines neuen Theaterstücks beginnt mit der Konzeptionsbesprechung, es folgen Bau- und Bühnenproben, die Hauptproben, die Generalprobe und schließlich die Premiere. Es macht mich besonders stolz, wenn die gesamte technische Mannschaft beim Schlussapplaus auf die Bühne geholt wird. Das Schöne an meinem Beruf ist, dass sich nichts wiederholt, dass jeder Tag eine neue Herausforderung darstellt.

Highlights sind auch jedes Mal die Gastspiele. Im August 2008 waren wir mit unserer Produktion „Alice" zu den Salzburger Festspielen eingeladen oder 2009 in Parma mit „Die Stunde, da wir nichts voneinander wussten". Dabei ist oft ein Teil der Bühnenarbeiter aktiv auch auf der Bühne vertreten. Für meine Arbeit ist sehr wesentlich, Ruhe auf der Bühne auszustrahlen und eine positive Einstellung zu haben, denn diese Ruhe überträgt sich auch auf die Schauspieler, die sich ja voll auf uns verlassen müssen.

Es passieren aber auch lustige Dinge, wie zum Beispiel als einmal nach der Sommerpause eine spektakuläre Flugnummer geprobt werden sollte, doch der Schauspieler passte nicht mehr in den Fluggurt. Er regte sich furchtbar auf, dass der falsche Fluggurt bestellt worden sei, doch in Wahrheit hatte er über den Sommer einiges an Gewicht zugelegt.

„Jedes Bühnenstück ist ein Puzzleteil meines Lebens"

Theaterregisseurin
Anna Badora

Mein erster Kontakt zum Theater – „Kabale und Liebe" von Friederich Schiller – hat mich schon als 11-jähriges Kind unglaublich aufgerüttelt. Es ging um einen Brief. Luise wurde gezwungen, ihn zu schreiben, bei Androhung furchtbarer Gewalt gegen ihren Vater. Sie schrieb, dass sie Ferdinand nicht liebe. Ferdinand war fassungslos. Luise, wie hatte er sich nur so in ihr täuschen können? In diesem Moment, im 4. Akt, stürmten zwei junge Mädchen auf die Bühne und wollten Ferdinand warnen, ihn über Wurms Intrige aufklären. Eines dieser Mädchen war ich. Wochenlang wurden wir von unseren Mitschülerinnen dafür gehänselt. Doch für mich war diese erste Theatervorstellung in Tschenstochau in Polen prägend. Ich wollte zum Theater!

Später, bei einem Rezitationswettbewerb, kam ich wieder mit dem Theaterbazillus in Berührung. Plötzlich spürte ich, welche Macht ein Gedicht auf Menschen entfalten kann, welche Emotionen zwischen Bühne und Zuschauer fließen können – das war pure Euphorie! Nach meinem Abitur ging ich nach Krakau, um an der staatlichen Hochschule für darstellende Kunst die Fachrichtung Schauspiel zu studieren. Für polnische Verhältnisse waren wir zu dieser Zeit, vor dem Fall des Eisernen Vorhangs, unglaublich privilegiert. Theater hatte eine, aus heutiger Sicht, unvorstellbare Wirkung in Polen. Wie Priester der Wahrheit an der Spitze der Gesellschaft fühlten wir uns. Es war uns sogar erlaubt, Auslandsreisen bis zu einem Jahr zu unternehmen. Schon während des Studiums reisten wir zu Straßentheaterworkshops nach Amsterdam. Dort bin ich das erste Mal jungen Leuten aus Deutschland und Österreich begegnet. Bis zu diesem Zeitpunkt kannte ich die Deutschen nur aus Kriegsfilmen und hatte Angst vor ihnen. Ich wollte dem deutschen Phänomen, dem deutschen Geheimnis auf die Spur kommen. Wieder zurück in Polen, inszenierten wir an der Theaterhochschule „Antigone" – für damalige polnische Verhältnisse ein unglaublich revolutionäres Stück. Die Besetzung hat sich in weiterer Folge in die ganze Welt zerstreut.

Nach dem Studium in Polen war meine Absicht und mein Wunsch, in Wien am Max Reinhardt Seminar Theaterregie zu studieren. Das war insofern nicht ganz einfach, da vor mir noch keine Frau Regie am Max Reinhart Seminar studiert hatte. Susi Nicoletti sagte mir immer: „Lerne gleich die richtige Aussprache!" Das war wirklich gut gemeint, doch zu diesem Zeitpunkt konnte ich noch kaum ein Wort Deutsch. Learning by doing war meine Devise. In kurzer Zeit hatte ich mir die deutsche Sprache angeeignet. In weiterer Folge fand ich in Wien Kontakte, die mir damals wie Theater im normalen Leben erschienen – Kontakte in die verschiedensten gesellschaftlichen Welten. Dennoch war es notwendig zu jobben, um mir mein Studium finanzieren zu können. Nach meinem Abschluss als beste Absolventin der Universität 1979 folgte eine intensive Berliner Zeit bei Peter Zadek und Klaus Michael Grüber, danach war ich an verschiedenen Häusern im deutschsprachigen Raum zuerst als Regieassistentin, dann als freie Regisseurin tätig. 1991 bis 1996 war ich Schauspieldirektorin am Staatstheater Mainz und danach zehn Jahre Generalintendantin des Düsseldorfer Schauspielhauses, wo ich auch mit Claus Paymann Kontakt hatte. Als ich das Angebot aus Graz erhielt und ins Schauspielhaus kam, lief ich, der mittlerweile leider verstorbenen, Frederike von Stechow in die Arme. Sie sagte nur: „Du kommst doch zu uns!" Das war irgendwie schicksalhaft für mich. Meine Intendanz am Grazer Schauspielhaus eröffnete ich mit Grillparzers „Medea". ➜

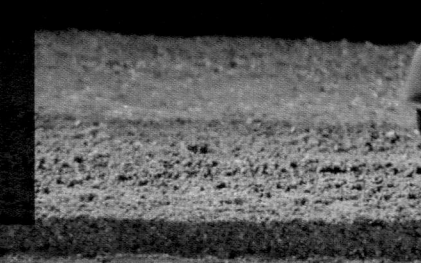

„Nicht in der Routine erstarren, sondern Begeisterung und Neugier bewahren"

Theaterregie ist wie eine Abenteuerreise, auf der sich die Schauspieler immer wieder von neuen Seiten zeigen. Routinen kommen nie wirklich auf, wenn man diesen Beruf ernst nimmt. Schlimm wäre, wenn man lauwarm über eine Inszenierung spricht. Besser ist viel Kritik aber auch viel Lob. Ein Theater, das niemanden aufregt, interessiert mich nicht. „Ein Leben lang" von William Soroyans empfand ich neben Tschechows „Ivanov" als meine spannendste Inszenierung. Aber auch meine aktuellen Arbeiten wie „Baumeister Solness" von Henrik Ibsen und Shakespeares „Macbeth" sitzen mir noch lebhaft in den Knochen. Wenn man intensiv inszeniert, gibt man auch sehr viel seiner Persönlichkeit preis. Mit Stress richtig umzugehen, Umschalten zu können, ist enorm wichtig. Wirklich Abschalten ist bei mir nicht möglich.

Die Inszenierung eines neuen Stücks beginnt mit einer intensiven Auseinandersetzung mit dem Werk und Diskussionen mit der Dramaturgie. Man sucht nach einem Schlüssel, einer Grundidee, sucht nach einer Welt, in der das Stück spielen soll, und nach Parallelen zur Gegenwart. Es folgt die Zusammenstellung des Ensembles, die Gestaltung des Bühnenbildes, der dramaturgische Aufbau des Stückes mit Einbeziehung der gesamten Bühnentechnik. Meist erreicht man aber nur einen Bruchteil des Gewollten. Das ist das Schwierige, aber auch das Schöne am Theater, der Antrieb, potenziell immer noch mehr herausholen zu können, selbst nach der tausendsten Inszenierung von „Macbeth". Zwischen der Managerarbeit und der künstlerischen Haltung klafft ein riesiger Spalt. Es ist sehr schwierig, diese beiden Bereiche nicht zu vermengen. Gerade das, was mich bei meiner künstlerischen Arbeit auszeichnet – Spontaneität und eine gewisse Unbekümmertheit – , kann man sich als Intendantin nicht leisten. Man muss in sich das Kind, den Künstler vor dem Manager schützen. Das ist oft sehr schwer.

Theater ist der Ort, an dem die verlorene Lebenskraft wieder erspürt und die emotionellen Möglichkeiten des Menschen erkannt werden können. Das Schöne, das Befreiende, das man jedes Mal durch die Erfindung dieser neuen Welten erlebt, ist für mich Lebenselixier. ∎

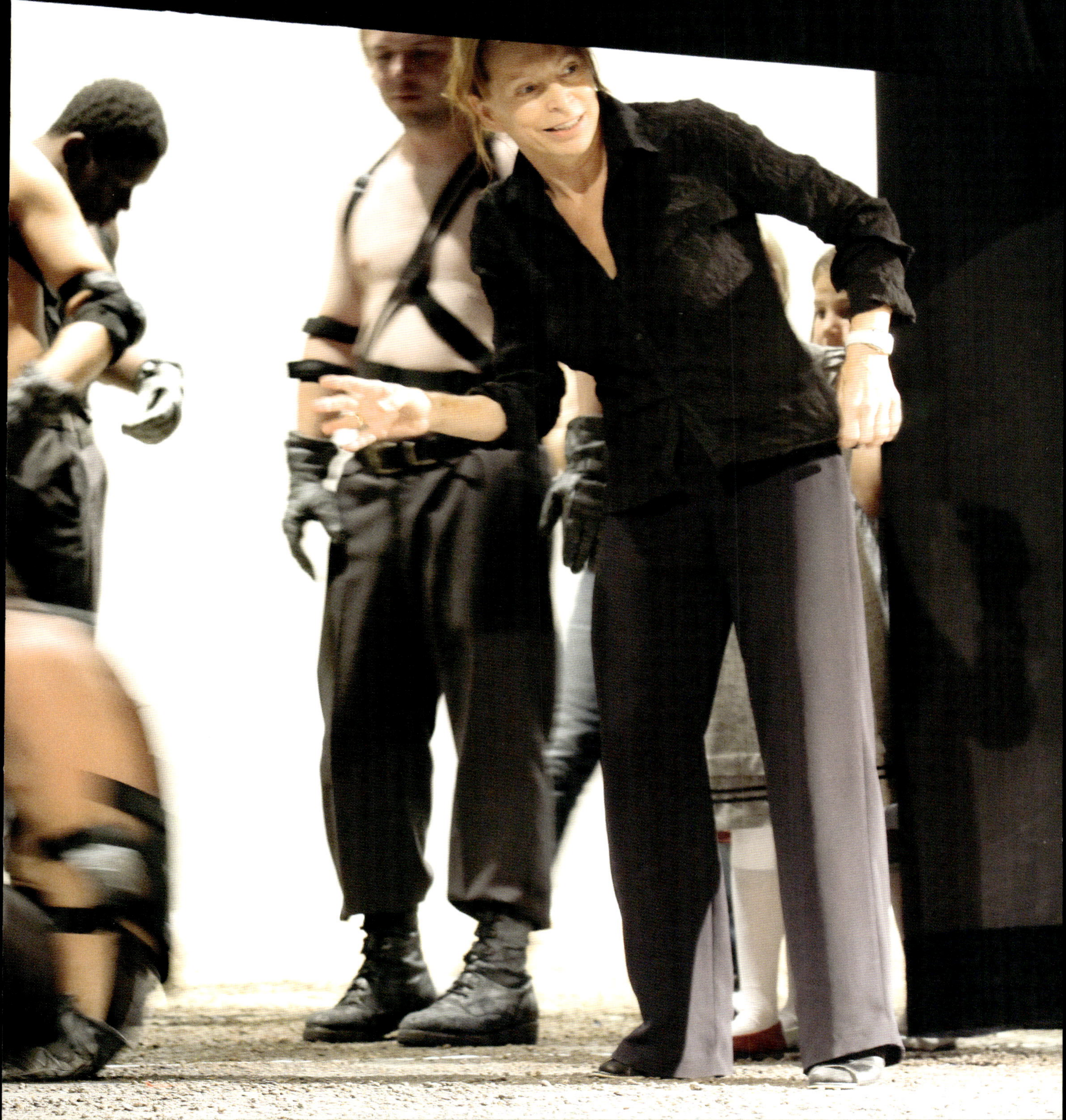

Märchendichter
Folke Tegetthoff

Märchen haben eine uralte Tradition. Sie wurden zuerst nur mündlich überliefert, sind frei erfunden und weisen oft phantastische Elemente wie Feen, Hexen oder Zauberer auf und berichten von wundersamen Begebenheiten. Die Volksmärchen wurden lange Zeit nur mündlich weitergeben und haben keinen bekannten Autor zum Unterschied der Kunstmärchen, bei denen der Autor namentlich bekannt ist.

Der 24. Dezember 1964 war der Tag, der mein weiteres Leben grundlegend beeinflussen sollte. Die ganze Familie war in Aufruhr. Mein Bruder wollte etwas besonders Originelles für den Weihnachtsabend arrangieren, was letztlich dazu führte, dass der Christbaum in Flammen stand. Von den Geschenken blieb nur noch ein Aschenhaufen. Diesen untersuchte ich und fand, fast unversehrt, ein Buch: die gesammelten Werke von Hans Christian Andersen. Das glich für mich einem Wunder. Ab diesem Tag war mir dieses Buch ständiger Begleiter, und ich gab es fast nie aus der Hand.

13 Jahre später: Ich verbrachte einige Zeit in Spanien und begann, Kurzgeschichten und Gedichte zu schreiben, war damit aber eher unzufrieden. Danach siedelte ich nach Hamburg, wo Verwandte von mir wohnten. Dort bekam ich eine Anfrage, ob ich nicht ein Märchenhörspiel schreiben könnte. Ohne recht zu wissen, auf was ich mich da einließ, sagte ich einfach zu. Im Zimmer meines Neffen stöberte ich später nach entsprechendem Material und fand im Bücherregal mein verloren geglaubtes Buch wieder. Ich las die ersten 20 Seiten, und wusste: Ich will Märchendichter werden. Ich setzte mich hin und schrieb mein erstes Märchenbuch, das etwa acht Monate später veröffentlicht wurde. Schon früh hatte ich ein ausgeprägtes Wahrnehmungspotenzial und die Fähigkeit, Dinge zu sehen, die andere nicht sahen, jedoch nicht im okkulten Sinn. Menschen und Dinge in ihrer Gesamtheit wahrzunehmen und ihnen Achtung und Respekt zu schenken, diese Eigenschaft besaß ich schon als Kind. Diese Fähigkeit nutze ich auch heute noch intensiv für meine Arbeit.

Ich bin ein rein intuitiver Schriftsteller. Um Grammatik und Form habe ich mich nie gekümmert. Ich kann nur schreiben, wenn mein Innerstes wirklich dazu bereit ist. Schreiben kann ich meiner Ratio nicht befehlen. Schreiben bedeutet für mich vielmehr in Demut zu warten, bis mir mein Innerstes Ideen und in weiterer Folge Worte schenkt. Kein einziges Buch – mittlerweile sind es 33 – habe ich konstruiert. Der Glaube an meine Intuition ist für mich die wichtigste Kraft. Dieser Glaube gebiert sozusagen die Intuition. Darauf vertraue ich – mit allen Höhen und Tiefen. Diese Schwankungen entstehen jedoch nicht, weil mein Vertrauen schwächer wird, sondern nur dann, wenn ich von der Realität überrollt werde.

Die Bewunderung von Mensch zu Mensch und die Bewunderung von allem was uns umgibt, das ist für mich essentiell. Wir sind ständig von Wundern umgeben, nur sind wir uns dessen nicht mehr bewusst. Weil wir uns schon so weit von unserem intuitiven Leben entfernt haben, sollten wir darauf achten, zu unserem ursprünglichen Menschsein zurückzufinden.

Märchen und Geschichten berühren emotional und dringen in tiefere Schichten unseres Bewusstseins ein, sind losgelöst von Zeit und Raum und besitzen immerwährende Gültigkeit.

„Wahrnehmung ist der Schlüssel zu aller Erkenntnis"

Schamanin
Christiana Perai

Der Schamane war stets so etwas wie spiritueller und ärztlicher Helfer in seinem Dorf. Er hat alle wie in einer Großfamilie betreut. Zum Schamanismus bin ich über viele persönliche Lebens- und Leidenserfahrungen gekommen. Erst als der Leidensdruck zu groß wurde, war ich offen für Neues. Über einen Gast in meinem damaligen Haus entstand Kontakt zum berühmten Schamanen Don Eduardo Calderon aus Peru, der mittlerweile verstorben ist. Sein damaliger Schüler Alberto Villoldo stieß für mich das Tor zur allumfassenden Kraft auf.

Durch ihn kam ich erstmals mit dieser universellen Kraft in Berührung. Daraus entstand eine große Liebe zum Schamanismus. Alberto Villoldo führte mich auch zu Don Agustin, der schließlich mein Lehrer wurde. Schamanistische Techniken lernt man jedoch nicht so wie man in der Schule schreiben und lesen lernt. Voraussetzung ist vollständige Offenheit und Vertrauen und ein intensives Zusammensein mit dem Meister.

1991 im peruanischen Urwald: Tamachiacu, ein Dorf am Amazonasoberlauf in der Provinz San Loretto. Eine magische, raue Gegend. Ich bin zum Initiationsritus bei Don Agustin, einer „Dieta de Oje", gerufen. Dabei wird das Oje, ein milchiger Saft einer bestimmten Baumrinde, eingenommen. Danach geschieht sozusagen eine Vollreinigung. Alles wird aus dem Körper entfernt, was alt und schmutzig ist. Das ist jedoch nur die Vorbereitung. Es folgte eine Woche Fasten auf einem offenen Pfahlbau. Unter dem blickdichten Moskitonetz konnte ich nur liegen oder mich etwas aufsetzen. Während dieser Zeit erschloss sich mir eine neue Dimension der Sinneswahrnehmungen, da die einzige Kontaktaufnahme mit der Umwelt nur über die Ohren lief. Auch die Vision für das eigene Zentrum San Antón, das ich Jahre später mit meinem Mann Kurt gründete, entstand während dieser zeremoniellen Einweihung.

Wichtig ist klarzustellen, dass es nicht die Schamanin, der Schamane ist, die/der heilt. Heilung ist immer Gnade und Geschenk. Aufgabe ist es vielmehr, einen speziellen Raum zu schaffen, wo Heilung stattfinden darf. Einen Raum zu schaffen, in dem das Alltagsbewusstsein sich erweitern darf und positive wie negative Energien sich zeigen dürfen. Die Transformation und Integration dieser Energien sind das Wichtigste, um zu einem tieferen und erfüllteren Leben zu gelangen. Im Grunde ist jeder Mensch vertraut mit diesen Phänomenen. Nacht für Nacht passiert ja Heilung. Ziel wäre, dass der Mensch zum wahren Menschen wird, dass er sein gesamtes Potenzial wieder nutzt und für ein größeres gemeinsames Ganzes zur Verfügung stellt. Trance, Tanz, Erfahrungen durch Atmen oder Fasten begünstigen ebenfalls das Entstehen von Räumen, in denen außergewöhnliche Dinge erspürbar werden dürfen.

Was für Chirurgen die Instrumente sind, ist für Schamanen die Musik. Trommeln, Rasseln, Flöten, Gebete und Gesänge, in den alten indianischen Sprachen, dienen der Heilung. Zentrale Bedeutung hat der Schamanenstab, der „Bakulo". Er ist sozusagen die Antenne zwischen Erde und Himmel. Schamanismus ist keine „Freizeitbeschäftigung" für Konsum- und Wohlstandsmenschen. Schamanismus ist Bestimmung und durchdringt das gesamte Leben.

„Wir sind nicht das, was wir zu sein scheinen"

Index
Von Gürtlern und Kuglern

Mineur, *Josef Oven*
Geboren 1969 in Klagenfurt, in Mittlern bei Bleiburg aufgewachsen, seit 1990 Mineur und auf Tunnelbaustellen im In- und Ausland beschäftigt. Er ist verheiratet und hat zwei Söhne.

6–9

Marmosteinbrucharbeiter, *Engelbert Thaller*
Geboren 1962 in Schladming, gelernter KFZ-Mechaniker, seit 1986 bei der Firma Sölker Marmor beschäftigt. Ist Sprengmeister und hat Berechtigungsscheine für alle Arbeitsmaschinen im Steinbruch; seit 1999 ist er Betriebsaufseher. Lebt in Stein an der Enns.

10–13

Klöppelschmied, *Johann Schweiger*
Geboren 1963 in Irdning, Betriebsgründung 1993, lebt und arbeitet in Donnersbach, er ist verheiratet und hat zwei Söhne.

14–17

Kunstschlosser, *Manfred Häusl*
Geboren 1963 in Nestelbach bei Graz, 1978 Lehre zum Kunstschmied bei der Firma Ritonja in Graz und mittlerweile Werkstättenleiter und Geschäftsführer dieser Firma.

18–19

Schneider, *Josef Bernschütz*
Geboren in der Woiwodina (ehem. Jugoslawien), war jüngster Schneidermeister Österreichs, ist seit 1952 selbstständig. Lebt und arbeitet in Graz.

20–21

Modistin, *Heide Pock-Springer*
Geboren 1944 in Graz, absolvierte eine kaufmännische Ausbildung und anschließend die Modistenlehre mit Meisterprüfung. Seit 1968 ist sie selbstständig. Sie hat drei Kinder und ein Enkelkind.

22–23

Biowinzer, *Dieter Dorner*
Geboren 1943 in Wien. Dieter Dorner zählt zur Gründungsmannschaft von Ö 3 und baute die erste Konsumentenredaktion auf. Er war eine der bekanntesten Radiostimmen Österreichs, ist Athoskenner und längstdienender Bioweinbauer Österreichs. (seit 1975) Lebt in Mureck, ist verheiratet und Vater von vier Kindern.

24–27

Turmuhrmacher, *Josef Reicht*
1968 geboren, absolvierte eine Lehre zum Allgemeinmechaniker, ist seit 15 Jahren Glocken- und Turmuhrmonteur. Besuchte die Unternehmerakademie und ist seit 2002 selbstständig. Er ist verheiratet und hat einen Sohn und eine Tochter.

28–29

Lodenwalker, *Jörg Steiner*
Geboren 1981 in Leoben, absolvierte die Textilfachschule in Haslach, OÖ. 2004 Übernahme des elterlichen Betriebes, der der älteste steirische Gewerbebetrieb ist. Lebt und arbeitet in Rössing in der Ramsau.

30–33

Kunstglasmacher, *Karl Wenninger*
Geboren 1940 in Voitsberg, Lehre zum Glasbläser in der Glashütte Köflach, seit 1978 in der Glasmanufaktur Bärnbach beschäftigt. Kunstglasexponate im Glascenter Bärnbach, Galerie 10er Haus in Gmunden und der Galerie Am Salzgries in Wien: Arbeitet auch nach der Pensionierung als Kunstglasbläser. Lebt in Köflach, ist verheiratet und hat eine Tochter.

34–37

Apparateglasbläser, *Fritz Bartelt sen.*
Geboren 1938 in Graz, absolvierte die Meisterprüfung im Glasbläserhandwerk, übernahm nach dem Tod des Vaters den Betrieb, erweiterte und leitete ihn bis 2008, ist seit 2009 Seniorchef.

38–39

Kugler, *Thomas Riemer*
Geboren 1971 in Voitsberg, besuchte das Realgymnasium und die Glasfachschule in Kramsach/Tirol, ist Juniorchef der Firma Palme GesmbH in Voitsberg. Er ist verheiratet und hat zwei Kinder.

40–43

Büchsenmacher, *Manfred Wutti*
Geboren 1959 in Graz, Büchsenmacherausbildung mit Meisterabschluss, ist seit 1990 selbstständig tätig.
Fertigt erlesene Jagdwaffen, lebt und arbeitet im Södingtal, er ist verheiratet und hat zwei Kinder.

44–45

Graveur, *Wolfgang Fauland*
Geboren 1968 in Voitsberg, besuchte die Fachschule für gestaltendes Metallhandwerk in Ferlach in Kärnten, ist seit 1990 selbstständig, spezialisiert auf die Gravur von hochwertigen Jagdwaffen. Lebt und arbeitet seit 1995 in Hirschegg.

46–47

Gürtler, *Otto Knizacek-Piller*
Wurde 1944 in Graz geboren, wo er die Bundeslehranstalt für angewandte Kunst besuchte.
Er ist seit 1975 selbstständig, verheiratet und Vater zweier Kinder.

48–51

Orgelbauer, *Walter Vonbank*
Geboren 1955 in Braz, Vorarlberg, absolvierte eine Orgelbaulehre bei der Firma Rieger in Vorarlberg, ist seit 1988 selbstständig. Lebt und arbeitet in Triebendorf bei Murau, er ist verheiratet und hat zwei Kinder.

52–55

Bootsbauer, *Felix Suchanek*
Geboren 1946 in Altaussee, Tischlermeister, lange in der Möbelbranche tätig;
seit 1990 Bootsbauer im Ausseerland.

56–57

Bierbrauer, *Gerhard Forstner*
Geboren 1949, Optikerlehre und Optikermeister; war 15 Jahre Biobauer in Stiwoll und Gamlitz, führt seit 2000 die Handbrauerei in Kalsdorf. Viele nationale und internationale Auszeichnungen, er ist verheiratet, hat fünf Kinder und lebt und arbeitet in Kalsdorf.

58–59

Ölpresserin, *Gabriele Schmidt*
Geboren 1970 in Graz, Besuch der HLW in Graz; führt seit 1996 den elterlichen Betrieb.
Lebt und arbeitet in Drauchen bei Halbenrain.

60–61

Greißlerin, *Heidi Schlömmer*
Geboren 1950 in Pürgg, gelernte Einzelhandelskauffrau. Nach 20 Wanderjahren in der Schweiz und Österreich seit 1989 Eigentümerin der Gemischtwarenhandlung „Im Gwölb". Lebt und arbeitet in Pürgg, verheiratet, zwei Kinder.

62–63

Bergbauern, *Anita und Manfred Purgstaller*
Manfred, 1962 auf dem Reichkrieglhof in Stiwoll geboren, ist gelernter Schmied und Musiker, Bergbauer und Postbeamter. Anita, 1972 in Graz geboren, ist gelernte Einzelhandelskauffrau, war später Briefträgerin in Judendorf und ist seit 2005 auf dem Reichkrieglhof Bergbäuerin.

64–65

Mühlenwart, *Rudolf Wiesenegger*
Geboren 1961 in Oberzeiring, ist gelernter Industrieelektriker und Elektrotechniker und seit 2002 als Mühlenwart im Windpark Oberzeiring tätig. Lebt in Oberzeiring, ist verheiratet und hat einen Sohn.

66–67

Industriekletterer, *Gerhard Hubmann*
1958 in Kirchberg a. d. Raab geboren, aufgewachsen in Kapfenberg, ist ausgebildeter Berg- und Schiführer, Schilehrer und Flugretter, Betreibt zusammen mit Partner Ewald Weitzer die Firma IQ Höhenarbeit, seit 2001 in Graz wohnhaft.

68–69

Flugretter, *Arno Pichler*
1970 in Graz geboren, ist gelernter Tischler, absolvierte Spezialkurse beim Roten Kreuz und dem Österreichischen Bergrettungsdienst in Graz, danach folgte die Flugretter- und HEMS-Crewmember-Ausbildung, ist seit 2001 ÖAMTC Christophorus Flugretter.

70–73

Chirurgin, *Univ. Prof. Dr. Freyja-Maria Smolle-Jüttner*
Geboren 1958 in Graz, Medizinstudium an der Karl-Franzens-Universität Graz, seit 1999 Leitung der chirurgischen Abteilung für Thorax- und hyperbare Chirurgie am Universitäts-Klinikum Graz. Sie ist verheiratet und hat vier Kinder.

74–75

Index
Von Gürtlern und Kuglern

Logopädin, *Mag. log. Lilla Sadowski*
Geboren 1944 in Krasnik, Polen, Studium an der katholischen Universität und der Maria-Curie-Skłodowska-Universität in Lublin, war elf Jahre an der Phoniatrischen Universitätsambulanz in Lublin, 1983 bis 2004 logopädische Arbeit am LKH Graz, lebt und arbeitet in Graz.

76–77

Schmerztherapeut, *Prim. Dr. Josef Neuhold*
Geboren 1952 in Graz, studierte Medizin an der Karl-Franzens-Universität Graz. Aufbau einer Praxis für mikroinvasive und konventionelle Schmerztherapie, ist seit 1991 im Krankenhaus der Elisabethinen in Graz tätig.

78–79

Hebamme, *Monika Felber*
Geboren 1947 in Linz, Ausbildung zur Hebamme am LKH Salzburg. Sie war in Gmunden, Vöklabruck und im Sanatorium Hansa in Graz tätig und leitet seit 1987 ein eigenes Geburtshaus; das derzeit das Einzige in der Steiermark ist.

80–81

Familien- und Pflegehelferin, *Kerstin Schloffer*
Geboren 1985 in Graz, absolvierte die Schule für Soziale Berufe in Graz; ist als Pflegehelferin im Senecura Pflegeheim in Graz tätig.

82–83

Verfahrenstechnikerin, *DI Dr. Heike Frühwirth*
Geboren 1971 in Graz, Studium der Verfahrstechnik an der TU Graz; seit 2006 bei der Firma BDI in Grambach beschäftigt; Forschungsschwerpunkt: stoffliche und energetische Verwertung von Algen.

84–85

Astrophysiker, *Univ. Prof. Dr. Arnold Hanslmeier*
Geb. 1959 in Feldbach, Studium in Graz, Promotion 1981 sub auspiciis, Vorstand des Fachbereichs Geophysik, Astrophysik und Meteorologie des Instituts für Physik an der KFU-Graz. Seit 2003 Präsident der weltweiten Vereinigung der Sonnenforscher JOSO, mehr als 370 wissenschaftliche Veröffentlichungen, acht Fachbücher. Lebt in Bairisch Köhldorf, hat drei Kinder.

86–87

Yogalehrerin, *Ingrid Swort*
Geboren 1960 in Feldbach, Ausbildung an der PÄDAK in Graz zur Pflichtschullehrerin, war 13 Jahre als Lehrerin im Pflichtschulbereich tätig, Yogalehrausbildung und seit als 1998 Yogalehrerin tätig. Ist verheiratet, hat zwei Kinder und lebt und arbeitet in Kumberg.

88–89

Pferdewirtin, *Christina Pötsch*
Wurde 1985 in Bad Ischl geboren, besuchte die Pferdewirtschaftsschule in Lambach, OÖ, lebt und arbeitet am Kastnerhof in Wöllmerdorf bei Judenburg.

90–93

Fremdsprachenkorrespondentin u. Elektroingenieur, *Karin und Günther Leuther*
Karin wurde 1938 im ehem. Ostdeutschland geboren, war als Fremdsprachenkorrespondentin tätig. Günther wurde 1930 in Monschau, Belgien, geboren, war als Elektrotechniker tätig. Waren beide gemeinsam beruflich in den USA und in Deutschland tätig, lebten in der Toskana, auf den Kanaren und in Kärnten, sind seit 2005 in Passail wohnhaft.

94–97

Hoteldirektor, *Rainer Ogrinigg*
Wurde 1976 in Bruck a. d. Mur geborgen, wo er das Gymnasium besuchte. Jusstudium an der KFU in Graz. Anschließend absolvierte der das Internationale Institut für Tourismus und Management am Semmering. Seit 2006 ist er Hoteldirektor von Schloss Gabelhofen bei Fohnsdorf.

98–99

Forscher, Autor, Erfinder u. Dipl. Tierpsychologin (ATN), *Prof. Ekard und Helenira Lind*
Ekard Lind, geb. 1945 in Lienz, studierte in Wien und Paris, Solistenlaufbahn an der Konzertgitarre, Lehraufträge im Sbg. und Stuttgarter Mozarteum: Betreibt seit 2002 zusammen mit seiner Frau Helenira das Zentrum Tier-Mensch-Harmonie in Mettersdorf: Helenira Lind geb. 1973 in San Luise, Brasilien. Ausbildung zur Dipl. Tierpsychologin (ATN) in Zürich.

100–103

Wanderschäfer, *Hans Breuer*
Geboren 1955 in Wien, war schon mit 15 Jahren Aussteiger. Aufenthalte in Frankreich, Deutschland und auf Almen in Österreich, ein Jahr am Kobenzl als Schäfer der Stadt Wien tätig. Ist der einzige Wanderschäfer Österreichs.

104–107

Köhler, *Siegfried Fritz*
Geboren 1939 in Aigen im Ennstal, gelernter Waldfacharbeiter, war 15 Jahre in der Landarbeiterkammer tätig. Lebt in Turnau.

108–109

Index
Von Gürtlern und Kuglern

Fährmann, *Anton Krajner*
Geboren 1948, war 35 Jahre als LKW Fahrer tätig, ist seit 2003 Fährmann auf der Murfähre Weitenfeld – Sladki Vrh.

110–111

Personalleaserin, *Theresia Fröhlich*
Geboren 1960 in Pachern bei Graz, ist gelernte Strickwarenerzeugerin, leitet zusammen mit Manfred Fröhlich die Firma MPS-Personalleasing GmbH. Lebt und arbeitet in Hart bei Graz.

112–113

Lachtrainer, *Dr. Manfred Glawogger*
Geboren 1944 in Ratece, Slowenien, Studium an der Karl-Franzens-Universität in Graz, war 38 Jahre im Amt der Steiermärkischen Landesregierung tätig, zuletzt als Vorstand der Kulturabteilung. Ist Buchautor und veranstaltet seit 1992 Lachseminare.

114–115

Verwerter, *Georg Titz*
Gelernter Koch, fuhr 30 Jahre zur See. Seit 1995 wieder in Graz und täglich auf Tour.

116–117

Extremradfahrer und Gipfelstürmer, *Wolfgang Fasching*
Wurde 1967 in Bad Radkersburg geboren, absolvierte eine Ausbildung zum Fachwirt für Handel, ist Autor von acht Büchern und akademischer Mentalcoach. Lebt mit Frau Doris nahe Lembach, Oberösterreich.

118–119

Autosattler, *Hans Pfeifhofer*
Geboren 1923 in Meran, wuchs in Spital am Semmering auf, wanderte 1952 nach Kanada aus und kehrte 1968 wieder zurück. Danach 14 Jahre Tapezierer in Graz. Lebt in Söding, Weststeiermark.

120–121

Artist, *Alexander Schneller*
Geboren 1987 in Wien, steht seit seinem zweiten Lebensjahr in der Manege. Schulausbildung im häuslichen Unterricht durch die Mutter und Zirkusdirektorin Elisabeth Scheller: Er ist Jongleur im Zirkus Pikard.

122–123

Maler, *Kurt Klöckl*
Geboren 1945 in Kalsdorf bei Graz, ist gelernter Schriftsetzer, absolvierte die Staatliche Hochschule für bildende Künste in Frankfurt, Studienaufenthalte in Belgien, Frankreich, Spanien u. Ägypten, war als Art Direktor im Universal-Verlag tätig. Lebt und arbeitet seit 1997 in Eichberg-Trauttenburg.

124–127

Bühnenmeister, *Gerald Weber*
Geboren 1964, ist gelernter Karosseur und seit Dezember 1985 im Schauspielhaus Graz tätig; anfangs als Bühnenarbeiter, in weiterer Folge als Bühnenmeister.

128–129

Theaterregisseurin, *Anna Badora*
Geboren 1951 in Tschenstochau/Polen, war die erste Frau im Fach Regie am Max Reinhardt Seminar in Wien, anschließend Regieassistentin und Regisseurin im deutschen und Schweizer Raum, zehn Jahre Generalintendantin des Düsseldorfer Schauspielhauses, seit 2006 Intendantin am Schauspielhaus Graz.

130–133

Märchendichter, *Folke Tegetthoff*
Geboren 1954 in Graz, stammt aus der Familie des österreichischen Admirals Wilhelm v. Tegetthoff. Auslandsaufenthalte in Spanien und Hamburg, Autor von 33 Büchern mit einer Gesamtauflage von 1,4 Mio. Exemplaren, Organisator von „fabelhaft", Europas größtem Erzählkunstfestival. Lebt und arbeitet in St. Georgen/St. ist verheiratet, hat vier Kinder.

134–135

Schamanin, *Christiana Perai*
Geboren 1956 in Graz, ausgebildete Konzertpianistin; 1999 offizielle Einweihung durch Don Agustin in AMM, betreibt zusammen mit Dr. Kurt Perai das Zentrum San Antón in St. Nikolai/S.

136–137

Autor
Heinz A. Pachernegg

Geboren 1954 in Mürzzuschlag
Übersiedlung nach Graz mit 18 Jahren
bis 1976 Landesangestellter
ab 1977 fotografische Arbeit als Werbe- und Industriefotograf
danach wissenschaftlich-medizinischer Fotograf.
Seit 1994 selbständige Tätigkeit mit eigenem Fotostudio in Graz.
Zahlreiche Publikationen (Bild-, Textreportagen in Printmedien)
eine Buchveröffentlichung: „Der steirische Wald" Text: Johannes Koren
Mitglied des steiermärkischen Kunstvereins Werkbund.

www.foto-pachernegg.at

Nachwort

Entstanden ist die Idee zu diesem Buch im Frühjahr 2006 bei einem Osterausflug. Dazu gehörte auch ein Besuch des Hotel Grazerhof in Bad Gleichenberg. Ein Hotel, das noch das Flair verflossener Kurtradition verströmte – und lange vor der „Spa- und Wellnesszeit" gegründet wurde. Ich fragte den damaligen Besitzer um Erlaubnis für eine Fotosession im Hotel. Gleich darauf legte er los: Posierte vor Jugendstilspiegeln, tanzte durchs Foyer und imitierte hinter der Rezeption berühmte Gäste seines Hotels. Er sprühte nur so vor Energie und erzählte viel aus seinem Leben als Hotelier. Inzwischen ist dieses Hotel schon Vergangenheit, doch die Idee für ein Buch über außergewöhnliche Menschen und Berufe in der Steiermark war geboren.

Ab diesem Zeitpunkt wurde ich hellhörig; wann und wo immer ich etwas zu dieser Thematik in Erfahrung brachte, sammelte ich Informationen, erinnerte mich an frühere Begebenheiten und bekam Inputs von verschiedenen Seiten. Dennoch dauerte es noch bis Ende 2009, bis die Arbeiten am Buch, der Berufsfindungsprozess sozusagen, abgeschlossen war. Sicher spielte dabei auch meine Arbeit als Berufsfotograf eine Rolle. Da in turbulenten Zeiten wenig Raum für das Buchprojekt blieb.

Manches verändert sich in vier Jahren. Wolfgang Fasching, Extremradfahrer und dreimaliger Gewinner der Race Across Amerika, des härtesten Radrennens der Welt, hat sein „Rennradl" mittlerweile nur noch selten in Verwendung. Stattdessen wurde er zum Gipfelstürmer und Mentalchoach. Anderes blieb auch über 50 Jahre unverändert. Wie die stilvolle Geschäftsausstattung im Schneideratelier von Josef Bernschütz. Lilla Sadowsky, die Logopädin, die auch den Papst behandelt hatte, zeigt, was durch Wille, Kraft und Überzeugung alles möglich ist. Sie stammt aus Polen, kam noch vor den großen Umbrüchen im ehemaligen Ostblock über Umwege nach Graz. Ohne vorherige Sprachkenntnisse und als Alleinerzieherin schaffte sie es, sich die Steiermark zur neuen Heimat zu machen, ihren ursprünglichen Beruf erfolgreich auszuüben bis hin zur Entwicklung eigener Patente.

Unverfälschte Zugänge zu den einzelnen Berufen zu finden, war mir sehr wichtig. Für die Bildgestaltungen nutzte ich oft typische Tätigkeiten, Abläufe und Situationen der einzelnen Berufe, ohne viel in diese Prozesse einzugreifen. Auch bei den Texten lag mir größte Authentizität am Herzen. Zwischendurch war für die Realisierung einer Berufsgeschichte auch gute Kondition erforderlich, wie beim einzigen Wanderschäfer Österreichs, Hans Breuer. Telefonische Recherchen und stundenlange alpine Suche im Vorfeld. Dann das eher zufällige Zusammentreffen an einem Bergsee im Rantental, wo er gerade sein Zelt abbaute, um zu einem höheren Standort zu wechseln. Den 20 kg schweren Salzsack für seine Schafe ins nächste Lager auf über 2100 Meter zu schleppen, war für mich so etwas wie die Eintrittskarte in seine Welt.

Besonders möchte ich meiner Freundin Gertrude Greimel für ihr Engagement danken. Durch ihre Anregungen bei der Suche nach geeigneten Berufen und ihren Ideen bei den Textgestaltungen, hat sie viel Positives zur Entstehung dieses Buches beigetragen. Ebenso danke ich allen, die sich bereit erklärten, an diesem Buch mitzuwirken und durch ihre Beiträge die Sicht auf das Panorama Mensch und Beruf erweitert haben.

von Heinz A. Pachernegg

Für die Unterstützung dieses Buchprojektes bedanken wir uns bei folgenden Institutionen:

BKS Bank
3 Banken Gruppe

Das Land Steiermark
→ Volkskultur

WKO STEIERMARK

DIÖZESE GRAZ-SECKAU

MPS personalservice

BILDUNGSZENTRUM RAIFFEISENHOF

Raiffeisen Meine Bank

Stadt GRAZ Kultur